新时代巾帼楷模

（第一卷）

本书编写组　编

中国妇女出版社

图书在版编目（CIP）数据

新时代巾帼楷模．第一卷 / 本书编写组编．-- 北京：中国妇女出版社，2023.10
ISBN 978-7-5127-2315-3

Ⅰ.①新… Ⅱ.①本… Ⅲ.①妇女－英雄模范事迹－中国－现代 Ⅳ.①K828.5

中国国家版本馆CIP数据核字（2023）第173970号

责任编辑：陈　元
装帧设计：惊　鸿
责任印制：李志国

出版发行：中国妇女出版社
地　　址：北京市东城区史家胡同甲24号　　邮政编码：100010
电　　话：（010）65133160（发行部）　　65133161（邮购）
网　　址：www.womenbooks.cn
邮　　箱：zgfncbs@womenbooks.cn
法律顾问：北京市道可特律师事务所
经　　销：各地新华书店
印　　刷：北京中科印刷有限公司

开　　本：170mm×240mm　1/16
印　　张：17.75
字　　数：262千字
版　　次：2023年10月第1版　　2023年10月第1次印刷
定　　价：78.00元

出版说明

女性的光辉是时代的光辉，巾帼的风采是进步的风采。习近平总书记强调，我国广大妇女积极投身新时代中国特色社会主义事业，以巾帼不让须眉的豪情和努力，起到了“半边天”的重要作用。为大力宣传新时代先进女性典型，记录她们牢记习近平总书记殷殷嘱托，争做伟大事业的建设者、文明风尚的倡导者、敢于追梦的奋斗者的巾帼风采风貌，按照全国妇联部署要求，在中国妇女第十三次全国代表大会召开之际，我们将荣获国家功勋、国家荣誉称号的杰出女性，中宣部等集中宣传发布的全国重大女性典型，获评全国三八红旗手标兵的优秀女性的先进事迹，以及全国三八红旗手（集体）名录结集出版，形成了三卷本的《新时代巾帼楷模》。

翻开这套书，星光熠熠；阅读这套书，与有荣焉。

第一卷收录的女性人物，有在中国特色社会主义建设和保卫国家中作出巨大贡献、建立卓越功勋的“共和国勋章”获得者；有为党的事业作出杰出贡献、创造宝贵精神财富的“七一勋章”获得者；有勇立时代潮头、锐意改革创新，敢闯敢试、敢为人先的“改革先锋”；有道德情操高尚、影响广泛深远，充分体现“爱国、敬业、诚信、友善”价值准则的“时代楷模”；有在新中国70年各个时期奋战在各行各业，践行“幸福源自奋斗、成功在于奉献、平凡造就伟大”价值理念的“最美奋斗者”。每一个“她”的故事都是一段感人至深的旅程，从她们的闪光足迹中可以追寻和回溯建党百年、新中国成立70多年、改革开放40多年，特别是新时代十年的激情岁月。

第二卷展示的是新时代以来全国妇联评选出的全国三八红旗手标兵。98篇人物小传竞展巾帼芳华，映照时代荣光，串联起她们与时代同发展、与祖国共奋进，用实际行动为经济社会发展贡献巾帼力量，为实现民族复兴的历史伟业奋斗追梦的隽永故事。

第三卷收录了新时代以来涌现出的全国三八红旗手（集体）名单。全国三八红旗手是由全国妇联评选并授予中国优秀女性的至高荣誉，这些闪亮的名字映照着自尊、自信、自立、自强的“四自”精神，构成了“半边天”的瑰丽风景。

我们希望通过这套图书，能够将巾帼群英的骄人成就、感人故事载入史册，树立亿万中国女性在复兴路上的巾帼群像，宣传展示新时代十年我国广大妇女作出的突出贡献，充分发挥先进典型的精神引领、榜样示范作用，激励广大妇女在全面建设社会主义现代化国家新征程上，争做时代的书写人、追梦的奋斗者，踔厉奋发、勇毅前行，为强国建设、民族复兴伟业贡献巾帼力量。

本书编写组

2023年10月

目录

第一篇

共和国勋章

第二篇

国家荣誉称号

第三篇

七一勋章

第四篇

改革先锋

第五篇
时代楷模

第六篇
最美奋斗者

第一篇
共和国勋章

申纪兰：太行山上永不褪色的青松

推动男女同工同酬写入宪法，连任13届全国人大代表，半个多世纪以来，申纪兰像一株永不褪色的青松，屹立在太行山上，被誉为“国宝”“共和国的见证人”。她一辈子的信仰就是：听党话，跟党走。

2019年9月29日，申纪兰荣获“共和国勋章”，她由衷地表达对党的感激之情，对我国妇女地位的提高也感慨不已：“妇女现在是真的顶起了半边天，你瞧瞧，我们现在还有女航天员飞上天了，真的很了不起呀！”

推动男女同工同酬写入宪法

正是申纪兰，为新中国的男女平等事业写下最初也是最重要的一笔。那

申纪兰：“共和国勋章”获得者。被授予“改革先锋”“最美奋斗者”称号。连续13届当选全国人大代表，生前任山西省平顺县西沟村党总支副书记。获评全国农业劳动模范、全国劳动模范、全国三八红旗手、全国道德模范、全国优秀共产党员、100位新中国成立以来感动中国人物、全国脱贫攻坚“奋进奖”。2020年6月28日病逝，享年91岁。

是1951年，山西省平顺县西沟村成立初级农业合作社，申纪兰被选为副社长。她很快发现，比起参加田里的劳动，姐妹们宁可在家里纳鞋底儿。申纪兰想来想去，找到了症结所在，社里规定，男人下田一天记10工分，妇女下田一天只记5工分，而且还是记到丈夫名下。这意味着，两个女人的工作才顶一个男人。申纪兰急了，看不起妇女是旧社会的封建思想，这不公平！申纪兰开始走家串户，向妇女宣传“劳动才能获得解放”的道理，同时做男社员的思想工作，让他们支持男女同工同酬。但当地有句俗话“好男人走到县，好女子不出院”，传统思想定义着男女的地位。可女人真的就不如男人吗？申纪兰决定让事实说话。

过去劳动都是男女共同协作，申纪兰申请社里专门给女社员划出一块地，和男社员进行劳动竞赛。男社员不以为然，认为跟女的比，不使劲也能赢，他们一如往常，该下地下地，该歇晌歇晌。妇女们可不一样，机会难得，想让人看得起，成败在此一举，她们争分夺秒夜以继日，终于赢得了竞赛。申纪兰这下有话说了：“既然男女干一样的活儿，那就该记一样的工分。”男社员输得心服口服，转而成为男女同工同酬的支持者。

申纪兰的事迹传遍全国，全国妇联、山西省妇联的同志来到西沟村，给申纪兰出谋划策，一方面，努力提高村里妇女的劳动技能；另一方面，设立农忙托儿所，让妇女心无旁骛，专注劳动。

那时，申纪兰并不知道，她带领西沟村妇女取得的这场胜利，在新中国农村发展史上有着划时代的意义。

1954年，申纪兰当选为第一届全国人民代表大会代表，路上辗转四天才到北京。她和1200多名代表一起，举手通过了中华人民共和国第一部宪法。由她提出的“男女同工同酬”倡议被写入了中华人民共和国第一部宪法第九十六条：“中华人民共和国妇女在政治的、经济的、文化的、社会的和家庭的生活各方面享有同男子平等的权利。”宪法通过后，申纪兰和大家一起高呼“共产党万岁”。

一路是沿着党指引的道路走过来的

记者第一次去西沟村采访申纪兰是在 2004 年。西沟村沟沟坎坎，房子全都无法建在一个平面上，申纪兰的家在一道土坡下，在周遭楼房的映衬下，她的 3 间平房显得破旧而萧索，她解释说：“群众住上好房子了我再说，群众住不好我一个人住好了，在里面睡不着觉。”当时，申纪兰的老伴已经去世，孩子们都住在长治市，只有她一个人留在村里，平时忙起来就住在办公室。房间里的家具都是土改时期的，唯有满墙的照片记录着她与时俱进的光辉历程——历届领导人与她握手、谈笑，这是申纪兰莫大的骄傲。她还被推选参加了在丹麦举行的第二次世界妇女代表大会，被斯大林、金日成、胡志明等社会主义国家领导人接见过，美国著名记者斯特朗还采访过她……用村里人的话说，申纪兰是见过大世面的。

1973 年，申纪兰被任命为山西省妇联主任，为正厅级干部，但她一不迁户口，二不领工资，10 年后，她辞职回到西沟村，她说：“在西沟干，比在城里做官更能出上力。再说我是从农民起家的，走了不够意思。”

西沟村 1938 年就建立了党支部，申纪兰说，西沟村一直是沿着党指引的道路走过来的，“没有共产党带领，我们农民就没有组织，农民永远忘不了共产党”。说起农村党建，她说，农村党支部就是战斗堡垒，抓党建促发展，80 岁老汉也要发挥党员作用，带领群众建设好新农村；说起村办厂，她说要引资金上项目，完成产业结构调整……

“不容易”是接见过申纪兰的党和国家领导人说得最多的一句话。西沟是“秃山秃岭烂石沟，旱涝冰雹年年有，庄稼十年九不收，十人见了九人愁，谁也不愿意到西沟”。申纪兰曾跟来西沟村视察的国家领导人介绍过西沟村种树的历史，种树屡败屡种，种了 300 亩活了一棵树，村长李顺达说，活了一棵也说明个真理，西沟山上能长树，有一棵就不愁一坡，一定要干下去！申纪兰和大伙总结经验，改进播种方法，先把山上的石头垒成鱼鳞坑，把石缝间的土一点点挖起来，集中到坑里，再在坑里种上松子，树的成活率明显提高。申纪兰很兴奋：“50 年栽树两万亩，都成活了！”

就在申纪兰去世前不久，她还拉着记者去看西沟人改造的七道大沟，看那些在荒山上栽出的绿树，看西沟展览馆，看她在村里办起来的“纪兰”核桃露厂，看投资230万元新上的山西纪兰饮料公司矿泉水生产线和果汁饮料生产线，看投资百万元兴建的铁合金厂、焦化厂……那都是她身为西沟村的带头人所做的努力。

为老区人民奋斗终生

2009年5月25日，习近平同志到山西省平顺县西沟村考察调研，看望了申纪兰。他指出：“西沟60多年的发展，是社会主义革命、建设和改革开放的缩影，特别是李顺达、申纪兰的劳模精神，需要好好总结和发扬。”申纪兰深受鼓舞。

党的十八大以来，申纪兰以习近平新时代中国特色社会主义思想为指导，带领群众发展生态经济、绿色经济，创办扶贫工厂，推动脱贫攻坚、乡村振兴，努力把西沟建设成“看得见山，望得见水，记得住乡愁”的美丽乡村。在西沟村她屋里的那面“光荣墙”上，又多了习近平总书记与她和乡亲们的合影。

申纪兰在西沟村修堤坝、建水库、治滩涂，有效控制了水土流失，并发展果园经济，一个穷乡僻壤荒山秃岭的山村，变成了满是宝藏、瓜果飘香的“绿色银行”，森林覆盖率达到80%以上。

平顺县是国家级贫困县，也是国家确定的太行革命老区集中连片扶贫开发重点县。申纪兰不顾年老体弱，带着干粮到处奔波，上北京，下江南，跑项目，跑资金，引人才，利用本地丰富的硅矿资源，兴建铁合金厂——这是平顺县创办的第一家村办企业。几年时间，又接连办起了磁钢厂、饮料厂等好几家骨干企业。几年后，她又投资3000万元在太原开设了“今绣西沟”大酒店，是西沟人家餐饮集团中规模最大、档次最高的酒店。“今绣西沟”大酒店的开张，为西沟及平顺安排了近500名劳动力，成了西沟村利用品牌化经营，打造名牌产品，推动经济发展的成功典范。

在农业上，申纪兰发展了40个香菇大棚种植项目和两个150平方米香菇保鲜库，完成了西沟红色旅游基础设施建设项目，新建了西沟森林公园大门。过去人们关注西沟，是因为纪兰和纪兰精神，如今人们关注西沟，是因为纪兰和纪兰产品，“纪兰”已成为一个响当当的精神品牌，一个硬邦邦的经济品牌。在申纪兰的带领下，西沟村形成了以核桃露、小杂粮开发为主的绿色产业；以铁矿、石材加工等建筑建材、冶炼化工为主的青色产业；以“纪兰”“西沟”名人名村为品牌的红色旅游产业，西沟村成为全国农业旅游示范点。

人民代表代表人民

1954 年，申纪兰当选第一届全国人大代表，她曾对《中国妇女》杂志的记者回顾说：“那次要叫我说多少提案我说不上，也不敢说话。我就准备好在选举的时候给毛主席投上神圣的一票。那几天我就专门练习把那个圈画得圆圆的大大的，不管这一票顶事不顶事，我是代表着农民中的妇女，只要把这神圣的一票给毛主席投上我就算完成任务了。”申纪兰极其看重“神圣”这个词，只要说到投票，必带上这二字。第二次去开人代会，申纪兰胆子大多了，她和刘胡兰的妈妈胡文秀一起跑到了最前边，等着和毛主席握手，并且还准备了几句心里话。那时，她已经知道，当代表就是代表群众的利益，当代表是代表群众说话。只要开会，她绝对不会在会议中间出去，而且每次都会把重要精神记在本子上，反复学习。“多开会才能多受教育，我要不开会就跟普通老百姓一个样了。”

一年又一年，人大代表申纪兰在政治上越来越成熟，她说：“我敢于反映问题了，每次都提跟农民利益相关的事情，比如东部富了西部开发了，我们中部跟不上怎么办，所以我要提修路问题——修通路走出去，修通路请进来，我们就能富起来。还有减轻农民负担问题、农村医疗问题、吃水困难问题以及加强法制建设问题。中央可认真了，对所有问题都有答复。”

“人民代表就要代表人民，代表人民说话，代表人民办事。”申纪兰 60 年来所提的建议和议案，有关系国计民生的大事，也有涉及群众利益的小事，但大都与老区人民脱贫致富有关。山西的引黄入晋工程、太（原）旧（关）

高速公路建设、大（同）运（城）高速公路建设、中西部开发、山西老工业基地改造以及长（治）邯（郸）高速公路、长治到北京列车、长治飞机场建设，还有平顺县提水工程、赤壁电站，都在她和其他全国人大代表的提议下变成了活生生的现实。人们评价：申纪兰为山西、长治革命老区和平顺山区群众的脱贫致富作出了突出贡献。

2020年第十三届全国人民代表大会召开之前，申纪兰被查出癌症晚期住院。

连续12届全国人民代表大会申纪兰没有缺席过一次，这次，她同样不愿缺席。全国人民代表大会是她为大家发声的平台，那么多的农民兄弟和妇女们盼望着她向党中央上达心声，不去开会，不仅仅是她个人的遗憾，更是她所代表的老百姓的损失，认真履职比什么都重要！

申纪兰曾经在很多场合说过："一个共产党员，活着干，死了算。"病重期间，她明确地对那些劝她休息的人说："我知道你们是关心我的身体，但我比任何人都清楚我的身体什么样子，反正已经没有多少时间了，我为什么不能拿剩下的时间多为百姓们做点儿事呢，这也算我这么长时间工作没有辜负大家的期待了。"她说服家人，克服重重困难，拖着病体去了北京，去参加她人生中的最后一次人代会。

第十三届全国人民代表大会第三次会议召开，申纪兰在发言中一一汇报着自己收集到的老百姓的各种想法和建议。也是在这次会上，她突然发病被送进医院。

申纪兰是在病房里穿着准备在闭幕式穿的那身衣服，隔着屏幕和其他人大代表"参加"人代会闭幕式的。

在申纪兰生命的最后一个凌晨4点，她将西沟村党总支书记郭雪岗叫到身边，交谈了一个多小时。她说："我不行了，我的副书记位置，要尽快补起来，西沟村的'摊子'铺开了，要一件一件踏实办，西沟的今天是党中央和各级党委政府帮助的，不要让它塌台了。记住，要艰苦奋斗，一分钱掰成两半花。穷家难当，能省一分是一分，钱攒多了就能办成事！"

申纪兰走了以后，人们说得最多的是她的忠诚与奉献。大家回忆，历年来各级党委和政府给她的奖励，她都毫无例外用于集体事业的发展。

2001 年 6 月，申纪兰获得全国保护母亲河委员会授予的“保护母亲河波司登奖”，当时正赶上村里打井缺少资金，她把2万元奖金全部捐出来打了井。

2001 年 7 月 1 日，申纪兰被中组部表彰为全国优秀共产党员，奖金 5000 元，申纪兰又一分不少交给了集体。

2007 年 9 月，申纪兰获“全国道德模范”称号，中宣部奖励她 5 万元，她捐给了村里的贫困户用于发展生产。

2009 年成立“申纪兰扶贫助教基金会”，她先后筹集 347 万元，资助 100 多名困难教师以及 300 多名家庭贫困学生上大学。

沙地栈村的乡亲们说，申纪兰这些年几十元几百元借给乡亲们的钱有好几千元，还她，她就收下；不还，她从来不要。无儿无女的张根则老汉生病住院，她不仅贴住院费，老汉死后，又是她主持操办了丧事。多少年来，申纪兰贴腰包办公事、掏腰包给群众办私事的事数不胜数。

申纪兰的精神影响着身边的工作人员，也影响着自己的后代。她的孙子张璞走上了和奶奶相同的道路，2021 年 2 月 22 日，张璞担任了平顺县东寺头乡党委书记，很多人都说，从他身上看到了申纪兰老人的影子。

2021 年，电视剧《功勋》热播，这部电视剧是根据首批 8 位共和国勋章获得者的真实故事创作而成的。其中，从申纪兰的提案这一单元部分还原了她带领西沟村妇女开展劳动竞赛，争取权益，从一名普通妇女逐渐成长为一方带头人的故事，诠释出“劳动创造光荣，成就改变未来”的硬道理。

曾有人问申纪兰：“您这一生要用两个字来说，是什么？”她回答：“忠诚。”正是信仰的力量，让申纪兰成为一位伟大的女性，一个大写的人！

（文／中国妇女杂志社　苏容）

屠呦呦：呦呦青蒿情，一“诺”骄天下

一袭亮紫色礼服套裙，一枚中国风宝石胸针，2015 年 12 月 10 日，在瑞典首都斯德哥尔摩音乐厅举行的 2015 年诺贝尔奖颁奖礼上，屠呦呦在一群身穿黑色燕尾服的诺贝尔奖得主中显得格外醒目。她是第一位获诺贝尔奖的中国本土科学家，也是第一位获此殊荣的中国女性。

当屠呦呦从瑞典国王卡尔十六世・古斯塔夫手中接过诺贝尔生理学或医学奖的证书和奖章时，全世界共同见证了中国本土科学家实现了诺贝尔奖零的突破！作为中国首位、全球第 46 位获诺贝尔奖的女性，屠呦呦成为划时代的人物。

尽管已经获得诺贝尔奖，屠呦呦却依然保持自我的警醒和谦卑……2019

屠呦呦："共和国勋章"获得者。被授予"改革先锋""最美奋斗者"称号。中国中医科学院首席科学家，终身研究员兼首席研究员，青蒿素研究开发中心主任。她发现了青蒿素，该药品可以有效降低疟疾患者的死亡率。2015 年 10 月获得诺贝尔生理学或医学奖，成为第一位获诺贝尔科学奖项的中国本土科学家。

年，“共和国勋章”获得者人选公示前，面对前来征求意见的评选组，屠呦呦反复确认这个问题：“这么重要的荣誉，我够格吗？”

呦呦鹿鸣，缘在青蒿

“呦呦鹿鸣，食野之蒿……”父亲为屠呦呦取了一个很萌、很别致的名字，出自《诗经·小雅》。巧的是，这名字竟应了她一生与青蒿的不解之缘。

上有三个哥哥，下有一个弟弟，作为家中唯一的女儿，屠呦呦是父母的掌上明珠，从小备受宠爱。她成绩优异，从翰香学堂到效实中学，一路皆为甬上名校。就在屠家楼顶那个满是中医典籍的小阁间，屠呦呦的医学梦缓慢萌芽。后来因为患上肺结核，她的学业曾暂停了两年多，那以后，她对医学的兴趣更浓厚了。

1951 年，屠呦呦考入北京大学医学院，选择了生物药学专业，这在当时虽是“冷门”，却很接近她心仪的中医药领域。实习时，著名生物药学家楼之岑指导她鉴别各种药材。从 1959 年起，她又参加了两年半的“西学中”学习班，如屠呦呦所言，“凡是过去，皆为序曲”，学科交叉为她日后发现青蒿素提供了良好的准备。

自获诺贝尔奖后，在欢呼声中，屠呦呦被频频提及的是“三无”科学家：无留学背景、无博士学位、无院士头衔。“但在那个特殊年代，如果她真留过学，可能就无法参与‘523’项目了。”北京大学医学部医学史专家张大庆说。

1967 年启动的“523”项目是个军工任务。由于越南战争期间，参战士兵饱受疟疾折磨，为了支援越南，也为消除中国南方疫情，毛泽东和周恩来亲自指示，紧急启动抗疟新药研发。当时正值“文化大革命”，科研工作都已停顿，很多医药专家也被打倒了，项目一开始进展并不顺利。

1969 年，“523”项目负责人来到中医研究院寻求支持，时年 39 岁的屠呦呦被任命为中药所的课题组组长，进行中草药抗疟研究。政审时，有人提出屠呦呦有海外关系，岂能参加这个项目？这可是政治问题。好在，屠呦呦参加工作仅三年，就已在防治血吸虫病的研究上取得两项成果，还被评为“社会主义建设积极分子”。

屠呦呦说："那时我很年轻，雄心勃勃，能有机会接受如此重任，我很兴奋又很幸运，也深感责任重大，我决心不辱使命，努力拼搏！"

青蒿一握，痴迷一生

2015年12月7日，在瑞典卡罗林斯卡医学院，85岁高龄的屠呦呦带着淡淡的宁波口音，用中文发表了题为《青蒿素的发现：传统中医献给世界的礼物》的主题演讲。

演讲中，屠呦呦回顾了青蒿素发现的艰难历程，也感谢了参与"523"抗疟研究的所有科学家的通力协作和突出贡献。她期冀未来科学为了人类福祉更进一步发掘中医药宝库："中医药从神农尝百草开始，在几千年的发展中积累了大量临床经验，对于自然资源的药用价值已经有所整理归纳。通过继承发扬，发掘提高，一定会有所发现，有所创新，从而造福人类。"演讲结尾，她还分享了王之涣的名诗《登鹳雀楼》："白日依山尽，黄河入海流。欲穷千里目，更上一层楼。请各位有机会更上一层楼，去领略中国文化的魅力，发现蕴含于传统中医药中的宝藏。"

课题组初期仅有屠呦呦一人。没助手，没资料，没经费，连个像样的实验室也没有，要在短时间内对几千种中草药进行筛选，其难度无异于大海捞针。她整理历代医籍，查阅《群众献方》，四处走访求教老中医，仅用3个月，就从两千多个动、植、矿物方药中，编写了一册以640种中药为主的《疟疾单验方集》。这种信息收集、准确解析，是万里长征的第一步，也是中药新药研究有别于一般植物药研发的地方。

又经过一轮轮筛选，在动物实验中，胡椒提取物对疟原虫的抑制率曾高达84%，似乎带来了曙光，但在临床上并不能使患者的疟原虫转阴；而青蒿的乙醇提取物虽出现过68%的抑制率，却因整个课题被迫中断而一度陷入僵局。

后来课题重新启动，屠呦呦准备大干一场，她冷静下来重温前期研究，将目光再次转向中医典籍的宝库。在反复研读中，《肘后备急方》中的一句话让她打开了思路。"青蒿一握，水一升渍，绞取汁，尽服之。"古人为什么用

“绞汁”而非常用的“水煎”法？是不是青蒿中的有效成分忌高温或酶？而且，只有嫩叶才能绞出汁来，这是否涉及药用部分及采收季节的问题？

屠呦呦终于找到了开启抗疟大门的钥匙！从蒿族植物的品种选择，到提取部位的去留存废，从浸泡溶剂的尝试筛选，到提取方法的反复摸索……最终找到低沸点的乙醚作为溶剂提取青蒿的活性成分。成功，在数百次失败之后来临。1971 年，编号为第 191 号的青蒿乙醚中性提取物对疟原虫的抑制率达到了 100%！这让屠呦呦课题组振奋起来！

然而，要进一步做临床，必须制备大量的青蒿乙醚提取物，“文化大革命”期间所有药厂停工，屠呦呦只能采用土法，把青蒿叶收来，用乙醚冷泡，再回收乙醚提取物。屠呦呦回忆：“当时的科研条件非常艰苦，我们买了七口老百姓日常用的大水缸当提取锅，就在几间平房里操作。”由于每天接触大量有机溶剂，通风又不好，一天下来，她常常头晕眼胀，还因此得了中毒性肝炎。屠呦呦的丈夫李廷钊至今记得，“那段日子，她每天回家都一身酒味”。

青蒿乙醚提取物有了，但在临床前试验时，个别动物的病理切片中，反映出疑似有毒副作用。为了尽快确证无毒，屠呦呦当机立断给领导打报告，愿以身试药。“如果中毒，我后果自负。”她交上了甘为科学献身的“生死状”。1972 年，她和课题组的两位同事一起开始了青蒿提取物的人体试验。经一周观察，3 位受试者情况良好。又经补充 5 例增大剂量的人体试服无毒，青蒿的临床试用之路才得以铺平。

就在屠呦呦整装待发赶赴海南疟区时，她的丈夫被下放到云南五七干校，她只好恳请托儿所留下孩子全托。后来为了不影响工作，她干脆咬牙把不到 4 岁的大女儿寄养在别人家，把尚在襁褓中的小女儿送回了老家。李廷钊说：“大女儿接回来的时候都不愿叫爸妈，小女儿更是前两年才把户口从宁波迁回北京。”用屠呦呦的话说：“在那个时候，我们绝对是事业第一，生活要给事业让路。”

1978 年，青蒿素抗疟研究课题获全国科学大会“国家重大科技成果奖”。此后，各种奖项和重大会议接踵而来，但这些成就并未让屠呦呦止步。1992

年，针对青蒿素成本高、对疟疾难以根治等缺点，她又发明出双氢青蒿素这一抗疟疗效为前者 10 倍的“升级版”。

屠呦呦和“青蒿素”3 个字永远地绑定在了一起。

正如屠呦呦获诺贝尔奖后所说：“青蒿素是传统中医药送给世界人民的礼物，对防治疟疾等传染性疾病、维护世界人民健康具有重要意义。青蒿素的发现是集体发掘中药的成功范例，由此获奖是中国科学事业、中医中药走向世界的一个荣誉……与获奖相比，我一直感到欣慰的是在传统中医药启发下发现的青蒿素，已拯救了全球数以百万计疟疾病人的生命。”

严谨、知性、率真的大家闺秀

在屠呦呦的老同事李连达院士眼中，屠呦呦“比较直率，讲真话，不会拍马，比如在会议上或个别谈话中，她赞同的意见，马上肯定；不赞同的就直言相谏，不管对方是老朋友还是领导”。

自 20 世纪 50 年代就与屠呦呦相识的老友、药学家高宣亮最钦佩屠呦呦科研上的专注和执着，盯住一个青蒿素一搞多年，屡遭挫折却不言放弃，称她是科学家中的巾帼英雄。高宣亮曾担任屠呦呦专著《青蒿及青蒿素类药物》一书前期责编，他惊异于屠呦呦的极度认真和细心，“从 1969 年到 20 世纪 90 年代，有关抗疟药物、特别是青蒿素研究过程的档案，她保存得特别全，整理得井井有条。”这些资料成为编写此书的基础。而在这位老友的印象中，作为女性的屠呦呦“在北大药学的那群女同学中，打扮还蛮出众，有种优雅的知性美，一看就是大家闺秀，她从不穿红戴绿，但胜在面料款式考究。”

作为中医科学院的终身研究员，屠呦呦在中药研究所仍有办公室。她还会时常到所里来，到实验室来，与同事和学生探讨问题，进行有关青蒿素新的适应证方面的研究，比如，探索治疗免疫性疾病红斑狼疮。遏制青蒿素抗药性也是她目前最为关注的问题。她在瑞典卡罗林斯卡医学院演讲中发出呼吁：“为保护 ACTs（青蒿素复方药物治疗）对于恶性疟疾的有效性，我诚挚希望全球抗疟工作者认真执行 WHO 遏制青蒿素抗药性的全球计划。”

同学伉俪，最美科学家家庭

屠呦呦和丈夫李廷钊的结合是一段传奇佳话。据屠呦呦的同学陈效中透露，他俩原是效实中学的同窗。早在高中时，李廷钊便暗恋屠呦呦，但毕业后他到苏联留学，读的是冶金工程专业，直到回国后在北京工作，再次见到“梦中情人”，发现屠呦呦还未结婚，他才鼓起勇气大胆向她表白……

1963 年两人结婚时可算大龄青年了。婚后两个女儿相继出生。如今大女儿在英国剑桥大学做行政教务工作，小女儿就在北京。家中除了摆满各种奖杯、证书的陈列柜，处处洋溢着细腻温情：外孙女的一架钢琴，被擦得锃亮；女儿和外孙女的照片遍布各个角落；卧室门的门套上，用小纸条贴着外孙女不同时期的身高，标志她的成长。

平时李廷钊充当“管家”，老两口会一同遛弯或者买菜，丈夫做饭，妻子刷碗，日常生活简单平静。

2015 年 10 月 5 日 17 时 30 分，当瑞典卡罗琳医学院正式宣布，将 2015 年诺贝尔生理学或医学奖授予中国药学家屠呦呦以及另外两名科学家时，屠

当地时间 2015 年 12 月 10 日，瑞典斯德哥尔摩，诺贝尔奖颁奖典礼举行，诺贝尔生理学或医学奖得主屠呦呦领奖

呦呦自己却浑然不知。直到一个多小时后，她才从同事那里知悉，几乎与此同时，家里的电话开始像闹钟一样响个不停，李廷钊这个教授级高工也变成了“热线话务员”，经常要小跑着去接。屠呦呦说：“别人还以为我有生活秘书，他就是我的秘书。”

2015 年 10 月 10 日，全国人大常委会副委员长、全国妇联主席沈跃跃一行来到屠呦呦家中探望，谈及李廷钊对屠呦呦事业的鼎力支持，沈跃跃笑言，我们妇联正在开展寻找“最美家庭”活动，这就是一个“最美家庭”。

2019 年 1 月，英国广播公司（BBC）发起“20 世纪最具标志性人物”票选活动，屠呦呦与居里夫人、爱因斯坦、图灵一道成为科学领域的候选人。她是入选的科学家中唯一的亚洲面孔，也是科学领域唯一在世的候选人。屠呦呦入选的三大理由是：在艰难时刻仍然秉持科学理想，砥砺前行亦不忘回望过去，她的成就跨越东西。BBC 为此专门给她做了一个短片，讲述她的科学人生。

片中这样评价：“如果要用拯救了多少人的生命来衡量一个人的伟大程度，那么，毫无疑问，屠呦呦是人类历史上最伟大的科学家之一。她研制的药物，挽救了数百万人的生命，包括全世界最穷困地区的人民，以及数百万儿童。当我们提及杰出科学人物时，毫无疑问，屠呦呦一定会出现在这个名单中。”

（文／中国妇女杂志社 张姿）

第二篇
国家荣誉称号

于漪：教在今天，想在明天

2019 年，在庆祝中华人民共和国成立 70 周年之际，荣誉等身的于漪老师被授予“人民教育家”国家荣誉称号，习近平总书记亲自为她颁奖。

70 年从教生涯，于漪始终坚信，“教得顶好是教做人”；

90 年坎坷人生，于漪淡然处之，“选择了教师就是选择了高尚”……

为师，站上讲台就是生命在歌唱

作为上海首批语文特级教师，于漪的课几乎堂堂都是公开课，她关于语文学科“工具性与人文性统一”等理念被写入国家课程标准，她“教文育人”的教育思想更对推动语文教育的发展产生了重要的影响。

于漪：“人民教育家”国家荣誉称号获得者。被授予“最美奋斗者”称号。上海市杨浦高级中学名誉校长，长期从事中学语文教学事业，致力教育教学改革与创新，推动全国语文课程教学综合性改革。从教 70 年，开设了近 2000 节公开课，培养了三代特级教师，写下了 400 多万字的论文专著。

摄影：李立基

然而，70年前，当于漪复旦大学教育系毕业第一次走上上海市第二师范学校（现杨浦高级中学）的语文讲台时，她被教研组长毫不留情地批评："语文教学的大门在哪里，你还不知道呢！"

"那犹如是五雷轰顶，但这句话就激励了我一辈子。"于漪说。

从小坚韧、不服输的于漪将挫折当作了成长的动力。为了实现"做一名好老师"的目标，她克服了胃溃疡、肝炎、腹部大手术、脑缺氧、血尿等一系列疾病的困扰，白天站在窗外，看其他教师怎样上课；晚上"啃"着从图书馆里搬来的厚厚一摞参考书仔细琢磨，挑灯夜读到天明，在不到3年的时间中，自修完成了大学中文系的全部课程。

"要课堂充满激情，教师首先得燃烧自己。"于漪给自己立下一条条近乎"苛刻"的规矩。于漪的学生、上海市教委教研室原主任王厥轩回忆说："老师每课必写教案，每课必写教后记。老师说：'这叫一步一陟一回顾'。"

崇明区发改委原主任陆一曾是一名教师，并有幸跟着于漪老师听了整整一年的课，他感慨不已："于漪老师从来不重复自己，每堂课都会用10小时、20小时做准备，有的课文她一备就是30多个小时。"

于漪说："文章虽是旧的，但学生是新的，理解怎么可能一样呢？"她写给贵州边远山区一位中学语文教研员的信中，曾动情地写下这样一句话："我不断地反思，我一辈子上的课，有多少是上在黑板上的，有多少是教到学生心中的。我上了一辈子课，教了一辈子语文，但还是上了一辈子深感遗憾的课。"

"出口成章，下笔成文"是于漪给自己立下的又一目标。每次上课前，她都会把上课要讲的每一句话写下来，然后自己修改，并背下来，最后再口语化。这样一来，啰唆、重复、语病大大减少。反复的锤炼令于漪的课堂教学达到了"要言不烦、一语中的"的境界，著名语言学家张志公曾感叹："于漪教书简直教得着了魔！"

伴随着"一丝而累，以至于寸；累寸不已，遂成丈匹"的"笨"功夫，于漪终于在语文教育的茫茫田野中找到了属于自己的路。

1977年10月19日的金秋，上海电视台第一次向全市直播中学教师向

于漪说，要课堂充满激情，教师首先得燃烧自己

学生授语文课的实况，于漪的公开课《海燕》在上海引起轰动。人们对教育的关注，对语文教学的关注，增添了于漪探索语文教学的前进动力，促使其开始从经验与感悟走向理性与科学，并形成了特有的教学风格与教育思想。

早在20世纪60年代，于漪就鲜明地提出“要胸中有书，目中有人”。在20世纪80年代，她撰文强调，语文要既“教文”又“育人”。“教文”是手段，是过程；“育人”才是语文教学的根本目的。进入21世纪，她又明确提出“德智融合”的思想，充分挖掘学科内在的育人价值，将其与知识传授、能力培养相融合，立体化施教、全方位育人，在学科主渠道、课堂主阵地立德树人。

于漪坚持教育要培养的是“有中国心的现代文明人”，所以教师的肩头扛着立德树人的刚性责任、使命担当。“‘经师’易做，‘人师’难为。然而，再难，我们也要向‘人师’的目标努力。把说在嘴上、写在纸上的‘教书育人’切实装到心里，在向学生心田撒播知识种子的同时，撒播做人的良种。”

而在学生心中，那直面于“人”、植根于“爱”、发轫于“美”、作用于“心”的课堂早已融入了他们的生命与理想。

“在离开学校之前我们做了一件事情，我们来到于老师讲课的教室外，用耳朵贴着后门的门板，听完了一堂课。我们就想带着于老师最后一课的回忆离开学校。”杨浦中学67届毕业生，中国文艺评论家协会副主席毛时安每忆及此情此景都动情不已，“因为，从此我们感受到了，中文是世界上最美丽、最清晰、最严谨的语言。对中国语言文字的热爱，对文化知识的渴求，也因此而生。”

2006年，应上海市教委的要求，“于漪语文名师基地”成立。在基地活动结束时，77岁的于漪饱含深情地给基地的每一位学员都写了一封亲笔信，用自己的切身体验与青年教师共勉：“优秀教师是在教学第一线‘炼’出来的。教师的德性和智性是生命之魂，当你们以自己的青春和智慧启迪和滴灌学生德性和智性成长时，一定能品尝到人间最大的幸福。”

于漪说：“每一堂课的质量，都影响着孩子生命的质量，都有老师的信念、情操、学识在闪光。站上讲台，我就要用生命来歌唱。”

为人，教师首先是个大写的人

于漪的生活道路并不平坦，15岁时父亲病故，惨淡的家境使她的求学之路难以为继；靠着据理力争，才参加了江苏教育学院免费师范生的招考，踏上了教师之路。

“文化大革命”时，她又被戴上“修正主义教育路线的吹鼓手”的帽子，挨斗、挨批。

粉碎“四人帮”后，当于漪能工作时，许多人劝她改行，而她却选择坚守讲台。于漪说，她始终记得母校镇江中学的校训——“一切为民族”，“教师一个肩膀挑着学生的现在，一个肩膀挑着国家的未来。如果青春可以重来，我依然会选择这个太阳底下永恒的事业。”

刚复课，学校的门窗、课桌椅残破不堪，于漪带的班更乱得不成样子，打架、逃课更是家常便饭。于漪开始了挨家挨户的家访，一次、两次，甚至

站上讲台，于漪是当之无愧的名师；走下讲台，她更是备受尊敬的人师

十次；有学生患肺结核病，家庭困难，无钱治病，她挤出钱来给他买特效药；有学生骨折，家庭困难，无法解决，她付了医药费；带学生参加秋收劳动，学生半夜生病，她背起学生顶着寒风，沿着大河，走了十多里……

大育有声，大爱无言，学生们一个一个重新回到了课堂，于漪带教的所有乱班个个“脱胎换骨”。她说：“人有很大的潜能，只要真正把学生放在心上，就会超越自己，从而释放出巨大能量来。”

在上海市杨浦高级中学至今流传着这样的故事：在于漪教过的一届学生中，有 4 个学生表达能力很差，乍一看似乎都有口吃的毛病。但是，经于漪调查发现，4 个人的“病因”各不相同。她对这 4 个学生对症下药，因材施教，为他们制订了各自的训练计划，使他们的表达能力都有了显著提高，有的甚至彻底摆脱了口吃。

在于漪服务了一辈子的上海市第二师范学校（现杨浦高级中学）科技楼

的墙上，清晰地刻着八个大字：“一身正气，为人师表”，在她的学生们眼中，这正是对于老师最好的写照。

于漪通过慈善基金会先后资助十几名困难家庭的学生完成大学学业。而对学生总是异常慷慨的于漪，自己的衣服缝缝补补穿了多年却也舍不得买件新的。

“于老师最了不起的是把人当作宝贝，当作最珍贵的资产，对每一个青年教师她也竭尽所能地给予帮助”，语文教师陆宏亮感叹。当他还只是一名普通的教师时，有一次参与编写《新世纪论丛》，已是耄耋之年的于漪老师不仅亲自帮他修改了每一页每一行，连他自己修改的字迹不清晰的地方，她都全部用正楷修正。

于漪常说：“一个人的精力是有限的，我们的教师队伍一定要有团队，作为一块垫脚石，我能够给大家垫一步，这是我终生有幸。”所以，她总是想方设法为青年教师搭建平台，把他们推向前台。

而辛勤的汗水，终将在心灵中结果。在半个多世纪的从教生涯中，于漪作为班主任、年级组长，摸索出了一套学生思想工作的方法，将最差的班、

在于漪的发掘和培育下，形成了全国罕见的三代特级教师团队

最乱的年级，带成了上海市先进的集体；作为校长，她提出“两代师表一起抓”“一个心眼为学生”，第二师范复校几年就获得了“师范教育先进单位”称号；从 20 世纪 80 年代开始，她先后培养了三代特级教师，共“带教”100 多名全国各地的青年教师，涌现出了一批批教学能手。

从教 36 年的王秀蓉老师，当年身患耳疾，又被分配到黄山一所边远乡村小学，偶然地在杂志上看到于漪的文章，深受触动，就冒昧地给于老师写信。没想到，于老师很快回了信，并邀她去上海治疗耳疾，去的那天，于老师为她铺床、做早餐，牵着她的手在医院跑上跑下。

“因为她，我立下了做一名好老师的志愿，”王秀蓉深情地说，“我评上黄山市第一个小学高级教师，我将曾经的薄弱校转变成一所家长青睐的学校，都是因为有于老师的鼓励。”

退休后的于漪，依然奋斗和实践在上海基础教育课程改革的最前沿，先后担任上海市普教系统“双名”培养基地、语文学科德育实训基地主持人。至今 90 岁高龄的她仍主持着上海市语文学科德育实训基地的工作。每年的大年初二，家里挤满了学生，她说，那就是她的教师节，她是世上最富有的人。

站上讲台，于漪是当之无愧的名师；走下讲台，她更是备受尊敬的人师。

为学，一辈子学做教师

于漪曾为她的《语文教学谈艺录》拟过一个小标题，叫作“跑步前进”，总是在与时间赛跑、总是“先天下之忧而忧”是年过 90 的于漪一以贯之的生活态度和思想追求。

“活到老，学到老，”近 70 年的教育生涯，她没有一天停止过对教育的探索，“我深深体会到教育的生命力在于教师的成长，而教师的真正成长在于教师个人的内心觉醒，我为什么说一辈子在学做教师呢？我就是一直处在这样的觉醒过程当中。”

于漪的兴趣极为广泛，喜欢画，当年巴黎卢浮宫藏品到上海举办画展，于漪不知道去看了多少次，每次都流连忘返。她说从艺术作品中，能得到的不仅仅是美的熏陶，更是对抗人生苦难、创造美好生活的精神力量。

于漪爱书如命，并积极倡导“教师应是读书人”。因为她觉得，“道不明，业不精，又如何‘解惑’？自己有源头活水流淌，才能恩泽学生一二。”

于漪也深爱国粹京剧。读大学时，她就是复旦大学学生国剧社的社长，她曾登台演唱《女起解》《鸿鸾禧》等经典剧目，如今空闲也常会哼上两句。

而功夫在诗外，多方汲取的艺术营养令于漪的课堂教学也美不胜收。她的徒弟们曾感叹，于老师能从京剧艺术“手眼身法步”的“五法”中，领悟到教学手段同样要丰富多彩，自成章法；从板式转换和衔接中，领悟到课堂结构的节奏性和连贯性。

对于现代流行的事物，于漪同样充满了好奇与兴趣。她始终相信，只有“知心”才能“教心”。为了弄清楚现在的中学生为什么崇拜周杰伦，她专门研究《菊花台》《青花瓷》《双截棍》；为了解决一名篮球迷学生上课开小差的问题，她关注篮球运动，并观看学生参加的比赛，敞开思想与其论球、评球……

近年来，于漪老师每年都准备一本专用的挂历。挂历上，几乎每一个日子都画上了圈。在许多个格子里，她要画两个甚至更多的圈。但这远不是全部。每天，她吃大把大把的药；每天，她又意气风发地站上讲台，一站就是将近 70 年。这是一个鲐背老人的工作状态，多到有时让人无法相信：她怎么做得过来？但是，她都做下来了。“你还以为你 18 岁啊？”每当这时，先生常常心疼地抱怨。

“当教师把个人的前途命运与祖国的前途命运紧密地联系在一起的时候，心中就会升腾起一团火，就会站在比较高的地方思考问题，能有旺盛的经久不衰的内驱力。”这就是于漪的回答。

所以，“90 后”的于漪始终不停地奔波于课堂学校，笔耕于月下灯前，踌躇满志，壮心不已。

在近 70 年的从教生涯中，于漪推出 40 余部专著，与人合著及主编书目百余本，著作等身。

退休后的于漪更加奋笔疾书，竭尽全力地关注着中国教育改革，倾力写下 600 万字著作，《于漪全集》八卷本 21 册也是新中国教育史上首部由中学教师出版的全集。

在她看来，人活着不仅是性命，更是生命与使命的同行。那单薄的臂膀，坚守的脸庞，分明描摹着中国教师的脊梁，焕发着生命的光华。

她就是于漪，人民教育家——于漪！

（文／《上海教育》杂志执行主编、编审 计琳

编辑／中国妇女杂志社 柳亚敏）

新时代
巾帼楷模

布茹玛汗·毛勒朵：竖立在帕米尔高原上的界碑

2019 年 9 月 29 日，中华人民共和国国家勋章和国家荣誉称号颁授仪式在北京人民大会堂金色大厅隆重举行。在雄壮激昂的《向祖国致敬》乐曲声中，中共中央总书记、国家主席、中央军委主席习近平为“人民楷模”国家荣誉称号获得者布茹玛汗·毛勒朵颁授奖章，并同她亲切握手。主持人宣读颁奖词时，全场响起一阵阵热烈的掌声，布茹玛汗·毛勒朵的眼里噙满了幸福的泪花。

布茹玛汗·毛勒朵：“人民楷模”国家荣誉称号获得者。被授予“最美奋斗者”称号。新疆维吾尔自治区克孜勒苏柯尔克孜自治州乌恰县吉根乡护边员。获评全国爱国拥军模范、全国三八红旗手标兵、全国民族团结进步模范个人、最美巾帼奋斗者等。

中国

“我要给它们都刻上‘中国’二字”

乌恰县吉根乡地处祖国最西陲，驻地海拔 3066 米，天山山脉和昆仑山山脉在这里交汇，帕米尔高原在这里高高隆起，形成一道道壁立千仞的奇观，这里是祖国每天送走最后一缕阳光的地方。全乡只有 2000 多人，却有 104 公里长的边境线。守护好祖国的边境线，是全乡各族干部群众的神圣职责。

1961 年 5 月，19 岁的护边员、柯尔克孜族姑娘布茹玛汗・毛勒朵新婚不久，便跟随丈夫托依齐别克・阿马提库力在冬古拉玛山口安了家。“冬古拉玛”在柯尔克孜语里是山高坡陡、石头滚落的意思。这里海拔在 1760 米至 6146 米，山高谷深，地广人稀，山顶积雪常年不化。恶劣气候下，地震、泥石流、山体滑坡和暴风雪时有发生。

布茹玛汗・毛勒朵的父亲是个孤儿，自幼和 5 个兄妹为巴依（地主）家放牧谋生。新中国成立后，全家才过上了好日子。布茹玛汗・毛勒朵记得在她小时候，解放军不止一次给她家送来粮食，父亲也曾带领他们兄妹 5 人帮

布茹玛汗・毛勒朵和她刻下的“中国石”

解放军砸石铺路。

对于来之不易的幸福生活，布茹玛汗·毛勒朵的父亲十分珍惜。生命弥留之际，他把子女们叫到病床前特意叮嘱："是共产党让我们有了今天的幸福日子，是解放军解放了我们贫苦的家乡。"

"共产党""解放军"这些神圣温暖的字眼，通过父亲的言传身教，就这样刻进了布茹玛汗·毛勒朵的心里。这种印迹比书本来得更加直接，也更加深刻。所以当祖国需要护边员的时候，19 岁的布茹玛汗·毛勒朵毫不犹豫地报了名。

每次在冬古拉玛山口巡逻，年轻的布茹玛汗·毛勒朵总是感叹：山口日落西山的时光极其短暂，黑夜不一会儿就掩住了来路。她发现这里虽有边界线，但没有界碑。一路上，悬崖、乱石滩、沟壑密布，道路蜿蜒曲折，荆棘丛生，她骑的马经常被尖利的岩石划出道道血口；滚石、暗冰、塌方不断，她很多次受困于暴风雪中，危机四伏……巡边归来，夕阳西下，人与马的身影投射在茫茫天地间，是那么渺小而又孤独。

一个夜晚，天幕青青，繁星闪闪，蛐蛐吟唱，吹来的夜风中弥漫着远山的气息。眺望帕米尔高原璀璨的星空，布茹玛汗·毛勒朵低头捡起一块石头，心中突然冒出这样一个想法："我要给它们都刻上'中国'二字，像界碑一样放到国境线上，让它们和我一样为祖国守边。"

布茹玛汗·毛勒朵不识字，她便向别人认真请教，学会"中国"二字的柯尔克孜文和汉文写法。已是古稀之年的布茹玛汗·毛勒朵仍能清晰地回忆起自己趴在雪地上，在第一块青石路标上学刻汉字"中国"的场景。"中国"二字在她心中重于巍峨雪山。"当我将'中国'二字刻在石头上时，兴奋得紧紧将石头抱在怀里，一整夜都没有睡着。"第二天一大早，她披着朝霞抱着石头就奔向边境，郑重地将它安放在了国境线上。

"大的石头就直接将'中国'二字刻在上面，小的石头怕被风吹走，刻好了再用其他石头固定。"布茹玛汗·毛勒朵比画着说，"最开始我没有工具，只能用尖石头刻，一天刻一块。遇到风雪天，手伸出来一会儿就被冻僵了，我就把手放进怀里焐一焐再继续刻。后来有了铁锤和钉子，就能刻得快一些，一天能刻好几块。”

60 多年过去，连布茹玛汗·毛勒朵自己也说不清她到底刻了多少块石头。如今，那一块块刻着“中国”的石头静静地躺在边境线上，宛若一个个守护祖国疆土的卫士，保卫着祖国的神圣领土，诉说着布茹玛汗·毛勒朵对祖国的热爱和忠诚。在她守护的山口，创造了连续 60 多年未发生一起人畜越境事件的光辉业绩。

“没有共产党就没有现在的我”

“没有共产党就没有新中国……”2007 年 7 月 1 日，65 岁的布茹玛汗·毛勒朵一脸庄严，在鲜艳的党旗下，她举起右手，庄严宣誓：“我志愿加入中国共产党，拥护党的纲领，遵守党的章程，履行党员义务，执行党的决定，严守党的纪律，保守党的秘密……”巡逻路上，她每次哼唱起《没有共产党就没有新中国》这首歌时，都神采飞扬：“如果没有共产党，就没有现在的我，是党哺育我成长，是党给予我幸福。”

麦尔干·托依齐拜克是布茹玛汗·毛勒朵的二儿子，他和大哥、妹妹都出生在母亲护边的毡房里。在麦尔干童年的记忆里，母亲总是一大早就出发，直到天黑才回家。每次到家时，她都是嘴唇干裂、筋疲力尽。那时，麦尔干总是不理解，妈妈为什么把幼小的孩子们留在家里，自己却跑去巡边、护边？除了管好自家的牛羊，妈妈为什么还要阻止邻居家的牲畜去山那边吃草？慢慢地，他似乎懂了。“每次上山，我们都能看见妈妈在石头上刻‘中国’。这两个字看得多了，爱祖国、爱新疆和爱家乡的意识也渐渐在我们脑子里生长起来。”

布茹玛汗·毛勒朵每天在冬古拉玛山口上走一趟，至少 20 公里，有人计算，60 多年她至少走了几十万公里。边境线上的一草一木都刻进了布茹玛汗·毛勒朵心里，她不止一次地说：“我熟悉冬古拉玛山口的石头，就像熟悉自家抽屉里放置的东西一样。”

布茹玛汗·毛勒朵不仅把自己的青春奉献给了护边事业，也把这种守护者精神传递给了子孙。她家中儿孙 6 人，除一名幼孙在读书外，其余全部扎根边境，守护着祖国安宁。

64 岁的布茹玛汗 · 毛勒朵骑在马背上风采依然

“我有一群‘兵儿子’在这里”

吉根乡是边防官兵巡逻的最后一站，战士们走到这里时，往往已是人困马乏、给养耗尽。所以，布茹玛汗 · 毛勒朵总会算好每月战士们抵达的时间，提前为他们准备好干粮、奶茶。每当官兵巡逻路过这里，看到骑马迎上来的布茹玛汗 · 毛勒朵大妈，都有一种回到家的温暖。

麦尔干还记得，自己 16 岁时的那个秋日，暴雨来得悄无声息。那天直到天黑，原本预计当天抵达的 8 名边防官兵却迟迟不见踪影。布茹玛汗 · 毛勒朵焦急万分，眼看情况不妙，便决定出门寻找。

布茹玛汗 · 毛勒朵和麦尔干把馕和奶茶揣进怀里，披上塑料布冲进暴风雨中。母子二人深一脚浅一脚地向前摸索，途中几次差点儿滑下山崖。终于，他们在一处废弃的羊圈里找到了被困的官兵，那时已是凌晨。

原来，巡逻队路上遭遇极端天气，狂风裹着冷雨像无情的皮鞭抽打在人的身上。筋疲力尽之时，他们终于找到一个废弃的羊圈躲避风雨。地面泥泞不堪，他们只能倚着马背，就着雨水吞一口馕，人和马用体温互相取暖。

“啊？是大妈！”又冷又饿的连长胡红利看到布茹玛汗·毛勒朵和麦尔干，又惊又喜。等他们接过两人怀中的食物，才发现大妈已经冻得嘴唇发紫，牙床冻得咯咯作响，身子也抖得跟筛糠似的。

60多年来，布茹玛汗·毛勒朵已记不清救治过多少冻伤、摔伤、被困暴风雪的“兵儿子”，也记不清给予了多少慈母般的爱与呵护。几十年的母爱亲情，使布茹玛汗·毛勒朵成了边防官兵共同的母亲。官兵以她守护的山口为名，亲切地称呼她为“冬古拉玛大妈”。

“每一位牧民都是一座无言的界碑”

吉根乡紧邻中吉边境，这里的百姓以柯尔克孜族为主，世世代代守护着祖国的西陲。风沙、严寒和强烈的紫外线，让生活在这里的人们个个皮肤黝黑，脸上的高原红格外显眼。平均3000米的海拔，让很多人患上了心脏病、高血压等高原病。即便气候如此恶劣，柯尔克孜族人却牢记这样一句话：“每一座毡房都是一个流动的哨所，每一位牧民都是一座无言的界碑。”

布茹玛汗·毛勒朵为连队的官兵们缝补衣裳

几年前的一天深夜，在修建吉根乡大桥工人的工棚里，一名来自内地的汉族孕妇出现了生产预兆。而她丈夫出差了，要几天后才能回来。这名孕妇忍痛走到村里，村民们马上搀扶她找到曾接生过100多个孩子的布茹玛汗·毛勒朵。当时，产妇羊水已破，随时都有生命危险。布茹玛汗·毛勒朵为难了：这个汉族女子生孩子，语言不通，怎么沟通？没有家人陪着，万一有个闪失怎么办？但此时再将产妇送往乡卫生院，显然已经来不及了，布茹玛汗·毛勒朵一咬牙答应下来。两个多小时之后，一个健康的女婴诞生了，布茹玛汗·毛勒朵的脸上露出了开心的笑容。

以后的几天里，布茹玛汗·毛勒朵把产妇当亲女儿一样地照料着。产妇的丈夫归来后，跪在布茹玛汗·毛勒朵面前激动地说："我给您老磕个头吧，谢谢您救了我妻子，还那么用心地照顾她们母女，您就是我的亲娘！"

60多年来，布茹玛汗·毛勒朵大妈义务护边的事迹在西陲高原上传颂，越来越多的牧民在放牧时主动承担起义务巡边、护边的任务。28岁的古力司坦·库尔曼白克从吉根乡考入武汉大学，又回到了家乡，成为一名义务护边员。在一个山口，他和同伴们学着布茹玛汗·毛勒朵大妈的样子，刻了一块"中国石"，还用油漆描了红。他们种下了几棵树，省下洗脸水浇灌它们，第二年小树发出了嫩芽……"执勤房门口有绿树，有'中国石'，天气好的时候能看见满山丰茂的牧草和成群的牛羊。守在这里，真的就像守护着自己的家。"

吉根乡小学的每一个孩子都听过布茹玛汗·毛勒朵奶奶的护边故事，奶奶的家成了学校的"专属国防教育基地"。为了让孩子们看到边境线上的变化，布茹玛汗·毛勒朵专门把家里一个房间改造成"护边历史教育馆"。馆内200多张图片、12件实物，生动真实地记录了布茹玛汗·毛勒朵半个多世纪的护边历程，以及护边员生活发生的翻天覆地的变化。

62年来，布茹玛汗·毛勒朵在巡边路上行走了几十万公里，用忠诚与奉献谱写出一曲曲爱国戍边的壮歌。她说："我没读过书，没做过什么惊天动地的事，但祖国在我心中。我将继续听党话、感党恩、跟党走，传承好守边护边精神，教育好子孙后代，守好护好边防线。"

（文／王宁　编辑／中国妇女杂志社 邵玮）

秦怡：电影人永远跟党走

2019 年 9 月 25 日，97 岁的秦怡获“最美奋斗者”称号；9 月 29 日，获“人民艺术家”国家荣誉称号，这是对她演艺事业的最高褒奖。跨越世纪，秦怡见证了中国百年影史，在 80 余载的演艺生涯中，她饰演了众多脍炙人口的女性形象。然而，她留给时代、留给中国电影最美丽的形象是她自己——一位德艺双馨的艺术家。

初露头角，为抗战而走上艺术道路

1922 年，秦怡出生于上海一个旧式大家庭。小时候，父亲常常带着孩子们去影院看电影，闲暇之余，大姐还将俄罗斯作家如托尔斯泰、屠格涅夫等

秦怡：“人民艺术家”国家荣誉称号获得者。被授予“最美奋斗者”称号。中国女演员，中国百年电影史的见证者和耕耘者，获评全国优秀共产党员、中国十大女杰等，获中国电影金鸡奖终身成就奖和上海文艺家终身成就奖等。2022 年 5 月 9 日逝世，享年 100 岁。

人的文学作品推荐给秦怡。少年时期对电影、文学、戏剧等艺术门类的丰富涉猎，令秦怡收获颇丰，为她日后从影奠定了良好的文化修养基础。

1933 年，秦怡进入上海中华职业学校就读商科。抗战爆发后，她曾参演街头剧《放下你的鞭子》以宣传抗战。上海被占领后，1938 年，秦怡瞒着家人，怀着满腔热血奔赴前线，准备投身抗日活动。

战火中，秦怡辗转从武汉到了重庆，等待机会参加抗战。当时重庆的话剧运动正值热潮，她常和朋友去看话剧，冥冥之中似乎早已注定——在一家剧院门口，年轻的秦怡被知名导演史东山和应云卫相中，应云卫对她说："你到我们厂里来吧！我们是导演，演话剧。"秦怡就这样走上了演艺道路。

1939 年春节，秦怡到摄影师朋友家里吃饭，周恩来正好坐在秦怡旁边。他问起秦怡的工作，秦怡说："我现在刚进了制片厂，担任小演员工作，我还在合唱团里头混混。"周恩来又问："怎么混呢？都唱什么东西呢？"秦怡表示他们唱的基本是抗日战争歌曲。"那么你怎么说混混呢？"周恩来正色道，"你们唱的歌很了不起啊。这可不是混混，你不知道有多少人在你们的歌声鼓舞下，走上前线，浴血奋战，取得胜利。"秦怡不好意思地连连点头："我一定认真唱。"秦怡一直将周总理的教诲记在心里，年幼的她端正了对抗战文艺活动的态度，此后作为演员的责任感也伴随了她的一生。

这一年，秦怡出演了人生中第一部话剧——《中国万岁》。没有任何舞台表演经验的她，格外珍惜这来之不易的演出机会。她在戏中全部动作便是背对观众握拳，台词仅一句"我也要去"，但她排练得特别用功，平时连吃饭走路也都随时握拳念词。

之后，秦怡又演话剧又演电影，从跑龙套到群演，无论大小角色，她都用心准备，渐渐闯出了名声。

重庆每年 10 月至次年 5 月为雾季，这期间雾气弥漫，日机空袭减少，重庆文艺界便利用这一机会举行大规模的演出，史称"雾季公演"。1941 年 10 月 11 日，中华剧艺社的《大地回春》打响了"雾季公演"第一炮，之后更是连演 22 场，场场爆满，在重庆引起轰动，首次饰演女主人公的秦怡也因此一举成名。文艺工作者在大后方的演出，是没有硝烟的战争，他们的文艺创作，极大地鼓舞了民众的抗战热情。

此后，秦怡还陆续演出了《天国春秋》《钦差大臣》《清宫外史》等一系列话剧，成为当时最受欢迎的演员之一，她与舒绣文、白杨、张瑞芳齐名，并称为重庆话剧界“四大名旦”。同时，秦怡还参演了《保家乡》《好丈夫》《日本间谍》等影片，在电影界也崭露头角。

演出话剧《结婚进行曲》时，因为生活条件差，加上劳累过度，秦怡的嗓子哑到几乎无法发声。但她坚持用气音演完了三幕五场，到谢幕时，台下掌声雷动欢呼不断。晚年秦怡接受采访时，回忆起这场演出，仍十分感慨这是“当演员以后得到的最高的奖赏和最大的尊重”。

秦怡演艺事业的引路人应云卫导演曾对她说：“自从我第一次见到你，就觉得你是一个适合以电影、话剧为生的人。”秦怡没有辜负应云卫的眼光，她以表演的方式，为前方争取抗战胜利贡献了自己的才华和心血。成名之后，她仍然不断磨炼演技，挑战对不同人物的表演塑造。无论什么角色，只要不违背抗日初心，符合她“做人”与“演戏”的基本准则，秦怡一概都演。

芳华绝代，再小的角色也是角色

秦怡出版过一本随笔集《跑龙套》，对于“跑龙套”，秦怡表示：“做任何事情都不可能不劳而获，一个人只要自己的心是大的，那么事情就没有大小之分。”她在自传里也写道：“再小的角色也是角色。”“如果戏里每一个角色都能够演好，那整部戏就会不一样。”

新中国成立以后，无论是电影的剧本题材、生产方式，还是演员的创作观念都面临着转型。秦怡说，有一种演员可以利用技巧扮演各式各样的人物，另一种则通过真实感受去体验生活，从而演绎某个方面与自己相似的角色，她属于后者。

拍摄《农家乐》时，秦怡奔赴胶东莱阳深入生活，住在堆牛粪的草屋，跟农民同吃同住，一起下地劳动，用牛粪暖炕。

参演《铁道游击队》时正值夏天，秦怡在大太阳底下穿棉袄，生生捂出了一身痱子。当时日本著名影星乙羽信子来华访问，秦怡出面接待。因天气实在太热，秦怡便穿了件低领的裙子，露出了脖子上一圈痱子。感受到乙羽信子疑惑的目光，秦怡便解释说："我是因为夏天拍冬天的戏，脖子上长了痱子。"乙羽信子摇头："为什么你让人把你折磨成这样呢？"秦怡回答："没什么，这是拍戏的需要。"后来秦怡三次访日，乙羽信子每次见到她，都会指着秦怡的脖子问："还会长痱子吗？"

《女篮5号》中，秦怡饰演的林洁打球的镜头几乎只是一闪而过，但为了演出这一"为爱痴迷"的篮球运动员形象，秦怡去篮球队学习了两个月，每天4点起床与队员一起训练，感受运动员为国家荣誉拼搏的劲头。

在不同的角色转换中，秦怡总能深入角色，通过表演让自己与角色身心合二为一，力图在银幕之上呈现一个真实立体的人。对于不甚熟悉的题材，她就让自己活在角色的人生中，用心体验人物生活，完美地再现生活，自然准确地表现。

1959年，秦怡加入了中国共产党，在此之前，她已积极为党工作多年。在新中国成立前夕，秦怡秘密完成了一项鲜为人知的政治任务。1949年2月19日，国民党空军中尉徐骏英驾驶着满载物资的运输机从上海起飞，却脱离既定航线，降落在了解放区济南。徐骏英的事迹广为流传，而促成徐骏英最终做出这个决定的，正是秦怡。

1959年6月，红色小说《青春之歌》风靡之时，秦怡接到了《青春之歌》剧组的邀请。导演崔嵬安排年仅24岁的谢芳扮演主角林道静，秦怡则出演林道静的引路人林红。那时秦怡早已声名大噪，却甘愿在《青春之歌》中为初出茅庐的谢芳充当"绿叶"，艺术家的气度可见一斑。

林红恰好也是秦怡入党后出演的第一个角色，小说对林红的描绘并不多，但其贯穿全局，对情节的推动十分重要。为了演出林红的神韵，秦怡潜心钻研原著小说和剧本，还找来大量革命回忆录，感受那个时代的风起云涌。秦怡的用心成功将林红演活了。

小说作者杨沫曾高度评价秦怡的表演："秦怡同志表演的林红，是我最喜欢的。她没有什么形体动作，但表现得那么真实动人，使人感动得落泪。"

秦怡的丈夫金焰曾说秦怡是"电影疯子"。金焰对电影的要求很高，秦怡却“什么蹩脚片子都看”。对此，秦怡表示“有时看到哪些缺点，自己拍片就可以警惕”。从1938年进入中国电影制片厂当实习演员始，秦怡在舞台和银幕上塑造了众多经典形象，无论角色大小，她无一不敢尝试，一律用心创造。

《两家春》里，秦怡是勇敢反抗命运的童养媳坠儿；《马兰花开》里，她是能顶半边天的拖拉机手马兰；《青春之歌》里，她是慷慨就义的共产党员林红；《铁道游击队》里，她是与敌人周旋的芳林嫂；《林则徐》里，她是抗击侵略者的女英杰阿宽嫂……秦怡所饰演的美丽女性角色，总是丰盈立体的。这些形象跨越时空，让秦怡的美留在每个观众心中。

秦怡是“跑龙套”跑出来的表演艺术家，她在艺术上的瞩目成就与她对艺术孜孜不倦的追求以及近乎苛刻的自我要求密不可分。她表示：“组织的召唤、观众的需要是我不竭的工作动力。电影人永远跟党走，电影事业是我永远唱不尽的歌。”

秦怡的朗诵风格如清风拂过绿荫，润物无声，舒展轻柔中充满深隽意蕴

繁华散尽，依旧淡泊优雅

除去表演艺术家的耀眼光环之外，秦怡作为独立女性的个人魅力同样令人难以忽视。她一生历经坎坷，却举重若轻，看淡所有苦难。无论是年少时离家抗战的勇敢，还是中年面对家庭变故的坚忍，抑或是晚年兼济天下的豁达，她都用实际行动诠释了“自强”二字。

20 世纪 60 年代，秦怡患上肠癌，所幸治疗及时，她得以逐步康复。晚年的她经常参与公益活动，但凡遇到癌症病人的活动，她都会现身说法，开导病友，表示自己是“过来人”。

90 年代，秦怡又因一场大病动手术，她一度以为自己的艺术生涯就此结束。“那天，病房的电视上正在播《焦裕禄》，我看着看着就入了神，这部电影给了我新的力量。影片将生动的党员形象和真实的历史画面还原出来，对观众的影响是润物无声的。创作这样的作品，是文艺工作者的使命。”秦怡坚守着这一信念，在晚年也格外珍惜表演的机会，为人民演好电影。

秦怡晚年经历四次大病，前后共上过七次手术台，但她总能顽强地挺过来，除了命运眷顾，还有她对儿子金捷的无限牵挂。秦怡与“电影皇帝”金焰的儿子金捷（乳名小弟）少时得了精神疾病，秦怡不忍心把儿子送进精神病院，几乎时刻把他带在身边。小弟生活难以自理，平日的洗澡、理发、刮脸，都是由秦怡自己亲力亲为。秦怡甚至自学注射，为他打针。

2007 年 3 月 7 日，金捷因尿毒症并发肺炎在上海去世。秦怡悲痛不已，一度消沉，是对电影的热爱让她重新活了过来，她将对儿子的“小爱”转化为了对国家的“大爱”。

2008 年汶川地震后，秦怡倾囊捐款 20 余万元；青海玉树地震后，又捐款 3 万元。她说，这些钱原本是给儿子用的，小弟不在了，做母亲的就把这些钱给最需要的人。据统计，常年热心公益的秦怡累计捐款超过 60 万元，这对于生活俭朴且屡遭家庭变故的她来说并不是小数目。

2009 年 8 月底，秦怡做完腰椎手术不久，一心牵挂着四川灾区的孩子，不顾医生反对，飞赴都江堰参加上海援建小学的开学典礼。当看到灾区学校崭新的桌椅，秦怡才放下心来。

对于秦怡做公益的报道，她回应说："我捐钱他们说不得了，其实这是一个共产党员的义务。"

2014 年 7 月，秦怡自编自演的电影《青海湖畔》开拍，此时她已经 92 岁高龄，却仍坚持奔赴海拔 3800 米的高原拍摄。电影筹拍的过程并不顺利，遑论拍摄过程的艰难。后来是各方给她东拼西凑，剧组才得以顺利开拍，她也因为恶劣的拍摄环境，落下了病根。

秦怡说："我 90 多岁了，经历了国家发展的不同阶段，更加觉得幸福来之不易，更加要不断学习，为人民讴歌，拍好电影就是为人民服务。"

在大部分同龄人颐养天年的年纪，秦怡的脚步却从未停歇。拍完《青海湖畔》后，她又重返话剧舞台，为《如梦之梦》奔波，还远赴澳大利亚，为当地华人献演钢琴伴诵《鲁妈的独白》。等到《青海湖畔》上映时，秦怡已经到了陈凯歌导演的《妖猫传》拍摄现场。"白头宫女在，闲坐说玄宗"，《妖猫传》中，秦怡短短几分钟的演绎让诗句有了画面。

年过九旬仍活跃在银幕、舞台上的表演艺术家寥寥，如此高龄却依旧优雅美丽的演员更是空前绝后。秦怡不仅通过参演大量红色主题电影将鲜活的角色传递给观众，点燃了人们向着共产主义理想靠拢的信念之炬，更是在自己的生活中时刻践行着共产党员的先进性。

从年少时的青涩勇敢、中年的端庄大气到晚年的优雅从容，跨越世纪和国际，秦怡成为观众心中珍藏的时代影像。人们喜爱、尊敬秦怡，不仅是因为她的美丽，更是因为她面对苦难一以贯之的从容态度。

正如上海文学艺术奖终身成就奖的颁奖词写道：秦怡始终活跃在大时代的洪流中，她以母亲的博爱、女性的温情，在银幕和舞台上，鲜活生动饱满地塑造着当代中国女性朝气蓬勃的时代形象，开掘着中国女性丰盈善良美好的内心世界。她像疾风中绽放的玫瑰，以岁月无法改变的不老的美丽风采，感动着每一个中国人。

（文／谭佳媛　编辑／中国妇女杂志社　申敏夏）

都贵玛：草原上的英雄“额吉”

2019 年 9 月 29 日，对于都贵玛来说，注定是极不平凡的一天。她来到人民大会堂，接受习近平总书记授予的“人民楷模”国家荣誉称号奖章。都贵玛激动地说：“这是党和人民给予我的最高荣誉。我将加倍珍惜这一荣誉，继续为家乡、为人民作出更多贡献！”

都贵玛是草原上的英雄母亲，养育了 28 名上海孤儿；她是当地妇女的“保护神”，自学妇产科知识、先后挽救了 40 多名年轻母亲的生命。她没有惊天动地的壮举，却用真情付出诠释了人间大爱。

都贵玛：“人民楷模”国家荣誉称号获得者。被授予“最美奋斗者”称号。内蒙古自治区乌兰察布市四子王旗脑木更苏木牧民。获评中国十大杰出母亲、全国三八红旗手、全国民族团结进步模范个人等。

28 名南方孤儿的“临时妈妈”

茫茫草原，往事并不如烟。翻开内蒙古档案馆的资料，真实记录了 1960 年三千孤儿北上的历史。在“1960 年移入儿童设备购置费明细表”中列入的品名里，有小木床、小毯子、小桌子、澡盆、枕头、毛巾……这一件件小巧的育婴用具的背后，是一群细心的妈妈在为即将领养的孩子精心筹备。在这幅感人的画卷中，最鲜活的面容就是“人民楷模”都贵玛，一直以来她和她 28 个孩子的故事以不同的形式在全国流传，她被称为草原最美的“额吉”（蒙古语“妈妈”的意思）。

1942 年，都贵玛出生在乌兰察布市四子王旗脑木更苏木一个普通牧民的家庭。辽阔的草原和蒙古民族的豪放胸襟，铸就了她勇敢、坚忍、勤劳、纯朴的品格。她从小就和大人一起放牧、挤奶、打草，茫茫草原和成群的牛羊伴随着她成长，几经磨炼，她成为远近闻名的劳动能手。1961 年，都贵玛被招进四子王旗保育院从事保育工作。

20 世纪 60 年代，水、旱、虫、雹等自然灾害席卷神州大地，全国粮食急骤短缺，上海、浙江、安徽、江苏等地的几十个孤儿院里的 3000 多名孤儿，因为食品缺乏，导致营养不良，随时面临疾病和死亡的威胁。党中央高度重视，在周恩来总理和时任内蒙古自治区主席乌兰夫的亲切关怀下，远在几千里之外、生活并不宽裕的草原“额吉”们敞开博大的胸怀，接纳嗷嗷待哺的三千孤儿，这些孩子被牧民们亲切地称为“国家的孩子”。

1960 年，四子王旗接收了 30 名上海孤儿，除去刚到四子王旗时已被收养的两个孩子外，其余的 28 个孩子需要集中照料，他们最大的不过 5 岁，最小的尚未满月。一路辗转，当孩子们抵达四子王旗保育院，保育员都贵玛已经等候多时，当时只有 19 岁的都贵玛还没有结婚，更没有照顾过孩子，但她毅然承担起照顾孤儿的任务，做起了 28 个孩子的“草原妈妈”。

“我上过学，认得字，苏木（乡镇）领导问我，能不能照顾孩子，我就回答当然能了。当时自己刚从牧区出来工作，还比较兴奋，后来才知道，这绝对不是一件轻松的事情。”缓缓讲起这段往事，如今已年过八旬的都贵玛记忆清晰如昨。

有牛粪烧着的蒙古包才不会冷，有爱支撑的日子才不会苦，都贵玛接受国家的嘱托，用真情付出诠释大爱无疆。

在蒙古包里，都贵玛把孩子们的床摆成圆形，自己睡在中间，这样晚上不论哪个孩子哭醒，她都能以最快的速度照料。每到晚上，一个孩子哭，其他孩子跟着闹的场景让年轻的都贵玛度过了一个又一个不眠之夜……都贵玛给孩子们做饭、洗衣、煮牛奶、教儿歌、哄他们入睡，将孩子们从头到脚都收拾得干净利索。一有孩子生病，不论什么时间，不管外面刮风下雨，都贵玛都会跳上马背到医院去。人们常常见到年轻的她在深夜里骑着马，冒着凛冽的寒风和被草原狼群围堵的危险，奔波几十里去找医生。

也正是因为都贵玛这样细致、温柔的照料，28 名孤儿没有一个因病致残，更无一人夭折，在那个缺医少药又经常挨饿的年月，可以说是创造了一个奇迹，真正做到“接一个，活一个，壮一个”。这 28 个小孩都将都贵玛看作自己的亲生母亲，亲切地喊她“额吉”。

随着 28 名孤儿渐渐长大，都贵玛和他们能够相处的时间却越来越少。抚养了孩子们一段时间后，由于作为保育员的都贵玛还未结婚，不符合收养条

回忆起照顾 28 名孤儿的往事，都贵玛记忆清晰如昨

件，这些孩子需要被送给其他没有孩子的牧民家庭中养育成长。每个家庭来领养时，都贵玛都要逐个介绍孤儿的身体情况、个性习惯，交代抚养方法、注意事项。28 个孩子中，只有 1 岁多的呼和是年龄最小、身体最弱的一个，也是都贵玛照顾时间最长的孩子。在都贵玛的精心照顾下，呼和快 3 岁时，已经长得高高壮壮，领养他的家庭也确定了下来。都贵玛反复叮嘱领养的父母："这孩子肠胃不太好，喂牛奶的时候要兑三分之二的水，要不就消化不了。这孩子特别爱吃肉，可是不能给他吃太多……"话没说完，她哽咽着快步冲出门，跑到保育院后边的山坡上放声大哭。直到现在，都贵玛还称呼他为"我的呼和"。

如今，这些"国家的孩子"有的成为国家干部，有的自己创业做了店主，还有的扎根草原做了牧民……在不同的岗位建设着祖国、为社会作着贡献。他们创建了微信群，在群里和都贵玛分享生活，并在逢年过节的时候去看望她。都贵玛用半个世纪的真情付出诠释了超越地域、超越血缘、超越民族的大爱精神，为民族团结作出了贡献。

牧区妇女的"保护神"

20 世纪六七十年代的内蒙古牧区，地广人稀、交通不便、医疗卫生条件十分落后，分娩对于牧区妇女来说无疑是一道"鬼门关"。当时已回到草原放牧的都贵玛，看到身边年轻女性遭受的死亡威胁，心中有着说不出的酸楚。1974 年，刚成为一名共产党员的她，参加了四子王旗医院组织的学习培训，跟随妇产科医生学习接产技巧及产科医学知识。

学习现代医学知识，对于文化基础薄弱的都贵玛来说是个挑战。别人一天学会的东西，她要花费两天甚至更长的时间来掌握，她一边放牧一边学习，向方圆百公里内的妇科大夫请教了个遍。

1975 年的一天，乌兰希热嘎查牧民敖敦格日勒难产，但最近的医院也在 100 多公里外，情急之下，家人求助刚从旗医院培训回来的都贵玛。正在放牧的她，扔下羊鞭，跨上马背，及时赶到产妇家，用自己掌握的现代医学技术救下母女俩，那是她接生的第一个孩子。

都贵玛没有辜负乡亲们的信任。她把牧业劳动之余的时间都放在学习产科医学技术上，逐步掌握了一套在牧区简陋条件下接产的独特方法，十多年间挽救了40多名年轻母亲的生命，迎接了一个又一个新的生命，她也因此成为当地妇女心中的“保护神”。

都贵玛不是专职医生，当年与她一起参加产科培训的人，只有她坚持了下来，她的第一身份还是牧民。草原繁忙的时候，放牧和接产往往不能兼顾，但是只要有病人家属来叫，都贵玛总是第一时间赶过去，尽职尽责地履行产科大夫的职责。她总说，既然党和政府让我学习掌握了这门技术，那么照顾病人就是我的责任。

都贵玛有个药箱，是当时培训她的医生送给她的。这个见证了40多个孩子诞生的药箱，在2016年被她送给了四子王旗蒙中医院的玛希毕力格医生。回忆起“额吉”赠送药箱的那一幕，玛希毕力格说：“当时药箱上铺着蓝色哈达，哈达上放着一盒火柴。‘额吉’说，这是我的老师送给我的，现在我送给你，这不仅仅是我们牧区医生的薪火相传，更是责任的传递。”

就像履行照顾好“国家的孩子”的承诺一样，都贵玛一直尽职尽责地履行着产科大夫的职责，直到20世纪90年代，牧区医疗和交通条件改善，牧民产妇能方便接受专业医院诊疗，都贵玛才光荣“下岗”。

身边困难群众的“爱心使者”

一滴水只有汇入海洋才能获得永久的生命，都贵玛犹如一滴融入大海的水，用最朴实的行动发挥着自己的光和热。

对于幼年失去父母的孟克吉雅和朝格德力格尔兄弟俩来说，有个像都贵玛一样的姑姑算是悲惨命运中的幸事。1980年，都贵玛的哥嫂相继病故，她二话没说把年仅3岁和10岁的兄弟俩接回家，与自己的女儿一同抚养成人。到了20世纪90年代，都贵玛80多岁的姑姑、姑父瘫痪在床，无人照顾。她又义不容辞地将老两口接到家里，承担起照顾的义务，直到3年后老人们去世。

时间跨入21世纪，都贵玛已进入暮年，一场严重的车祸，让她的身体大不如前。但她还是处处牵挂着那些需要帮助的人，尽其所能为他们排忧解难。

2008年汶川地震后，都贵玛主动联系嘎查党支部交纳3000元的“特殊党费”。她常说孩子是中华民族的希望，是国家的希望。多年来，她资助了很多贫困学生，当她得知当地一所小学有50多名贫困学生时，便拿出5000元帮他们缴纳了相关费用。2020年新冠疫情袭来，她先以党员身份捐款1000元，随后又向四子王旗红十字会捐款5000元。她还是当地边防派出所的“编外”教导员，每年都为边防官兵讲授政治教育课……

“我这辈子做的这些事情，其实都是我应该做的，党和国家给了我荣誉，我非常荣幸。人的一生总有忙不完的事情，只要身体允许，我还会用自己的能力帮助更多的人。”都贵玛是这样说的，更在用一生的行动去践行。

从草原姑娘到“十杰母亲”、最美奋斗者，从脑木更牧民到“人民楷模”，说起草原母亲都贵玛，人们无不被她的无私大爱所感动。

2017年3月7日，内蒙古自治区乌兰察布市，内蒙古乌兰察布边防支队四子王旗边防大队官兵陪“草原母亲”都贵玛老人拉家常，共迎“三八”国际劳动妇女节

2021年6月2日，都贵玛被授予“上海市荣誉市民”；2021年11月5日，都贵玛被授予“第八届全国道德模范”……她依然穿着那件蓝色的蒙古袍，郑重地接过荣誉。

“走不完的草原，说不完的故事，山山水水倾诉着您的伟大。忘不了的恩情，离不开的亲人，那是我思念的阿妈。啊，草原母亲都贵玛，你让多少孤儿找到了家。草原额吉都贵玛，马头琴诉说着您的酸甜苦辣……”如今，一首名为《草原额吉都贵玛》的歌曲在辽阔的杜尔伯特草原上传唱着。都贵玛抚养长大的28个“国家的孩子”像胡杨一样，已深深扎根在了这片哺育滋养他们的土地上。都贵玛像一条情感的纽带，将天南海北的孩子们联结在一起。她经常通过微信和孩子们聊天，关心他们的近况，不论工作再忙、住得再远，孩子们都会不时到都贵玛家坐坐，陪“额吉”喝碗热乎乎的奶茶。

“抚育‘国家的孩子’是我的荣光，他们跟我亲生的孩子一样。”都贵玛说，被孩子们叫一声“额吉”，就是最大的幸福。

（文／白丹　编辑／中国妇女杂志社 邵玮）

郭兰英：为人民歌唱不息

郭兰英是中国新歌剧的先驱，她塑造了《白毛女》中的喜儿、《小二黑结婚》中的小芹、《窦娥冤》中的窦娥等众多光彩夺目的舞台艺术形象，演唱的《我的祖国》《南泥湾》《绣金匾》等歌曲脍炙人口，历经半个多世纪仍被传唱至今。

郭兰英出身贫苦，4 岁就进戏班子学戏，童年曾以不挨打、能挣钱养活父母为目标。直到为新歌剧《白毛女》所动的她毅然离开旧戏班，参加文工团，才逐渐认识到文艺工作者是为人民歌唱、为人民服务的。从此，郭兰英怀着为人民歌唱的激情，不断提高文化、思想素质，增强音乐修养，锤炼表演技能。在中国革命、建设和改革的每一个时期，她都留下了脍炙人口的代表作

郭兰英："人民艺术家"国家荣誉称号获得者。被授予"最美奋斗者"称号。中国女高音歌唱家、晋剧和歌剧表演艺术家、民族声乐教育家，获中国首届"金唱片奖"、首届中国电影音乐特别贡献奖、2019 年"中国文联终身成就戏剧家"称号等。

品，用歌声串起了新中国历史。晚年，离开舞台后的她依旧心系人民，重视弘扬民族艺术，将重心转向了教学，创办郭兰英艺术学校，为中国民族歌剧表演体系的建立和民族演唱艺术的发展作出了开拓性的贡献。2019 年 9 月 17 日，国家主席习近平签署主席令，授予郭兰英“人民艺术家”国家荣誉称号。

受党感召，毅然参加文工团

1946 年，张家口第一次被解放，16 岁的郭兰英趁着唱戏的间隙，跑去偷看了当时大热的歌剧《白毛女》。此时的她年纪虽小，但已是一介名角，深知舞台上人物的喜怒哀乐都是表演。可是看了《白毛女》中喜儿的表演，她却止不住流下泪来。戏班的帽儿戏快演完了，马上轮到郭兰英上场了，但她直到看完《白毛女》第一幕才赶回戏班。看到她哭肿的眼睛，戏班里的同伴以为她出了什么事，问她，她却什么话也讲不出来。前边锣鼓一响，郭兰英只得匆匆抹了眉毛化了素妆上了台。平常要演一个多钟头的戏，她 40 多分钟就赶完了，一心只惦记着《白毛女》。下台之后，她妆都没卸就往《白毛女》的戏台跑，总算赶上了最后斗地主那幕戏。

看完《白毛女》后，郭兰英内心难以平静，她暗下决心：她要演新戏，演“喜儿”这样的角色。郭兰英 4 岁开始学戏，在戏班子里经历了常人无法想象的严苛训练。她一路摸爬滚打，从一开始跑龙套到演垫场的“帽儿戏”，到登上戏园子的广告牌，再到张家口一炮而红。此时的她历经磨砺，好不容易熬出了头，却因一场《白毛女》，一意孤行要放弃来之不易的名伶生活。

郭兰英不顾旁人反对，抛下昂贵的戏装行头，把象征名伶艺人的两颗金牙拔掉，如愿成为《白毛女》演出队伍所在的华北联大文工团的一员。这一看似冲动的决定不仅改变了郭兰英的一生，更直接影响了中国民族歌剧的发展。

郭兰英年幼就进了戏班子，一直没有上学的机会。到了文工团，她才得以开始系统学习，文化、音乐和革命理论，一个不落。在文工团的日子其实并不轻松，每天一大早就要起来扭秧歌，7 点钟开始安排各种课程，但踏进革命队伍的郭兰英却觉得十分光荣且感恩。除了学习文化知识外，转变最大的是郭兰英的艺术观念。郭兰英坦言，儿时演戏根本不知道是为了什么。在戏班里经常挨打挨骂，在外要受地痞流氓的气，她曾觉得不挨打、能挣钱养活父母就行。直到进了文工团，她才逐渐认识到：文艺是为人民歌唱、为人民服务的。

在党和国家的艺术使命感召下，郭兰英怀着为新中国放声歌唱的激情，一边如饥似渴学习文化，不断提高自身素质，一边找机会观看《白毛女》的排练，熟悉《白毛女》的故事、人物、唱段。饰演“喜儿”是她的执念，一直在她心中挥之不去。

1947 年《白毛女》剧组在石家庄演出时，扮演“喜儿”的两个演员临时都无法上场。郭兰英自告奋勇去救场，那是她第一次上台演“喜儿”，凭借自己平日的积累，她竟完整演下了长达 5 小时的《白毛女》。演到最后一幕批斗会时，郭兰英痛哭不已，一度唱不下去——她把对旧社会的痛恨激愤，全部发泄在了“喜儿”的表演中。导演舒强在侧幕着急地提醒她：“兰英，兰英！我们这是在演戏！”戏演完后，舒强也热泪盈眶：“为什么你唱不下去？我能理解。《白毛女》这部戏就是写你的生活的。从今往后好好努力，好好琢磨琢磨‘喜儿’这个角色，你会创造出一个不同的‘喜儿’的！”这句话，郭兰英记了一辈子。

在《白毛女》的表演中，郭兰英融合了戏曲的身段和山西梆子的声腔特点，并在一次次表演中锤炼技巧。她激奋的腔音，以及生动的形体动作，不仅让“喜儿”这一苦大仇深的农村姑娘形象更出彩，也使得新歌剧借由传统戏曲表演艺术的介入，具有了新的艺术特色。郭兰英的表演大获成功，在继王昆、林白和孟于前辈之后，成为“喜儿”第一代的经典扮演者，同时也赋予了《白毛女》更深层的意义——中国民族“新歌剧”的奠基之作。

为民歌唱，坚持民族声乐

加入文工团后，郭兰英把过去的痛苦，转化为爆发式的创作能量，踏上了“民族歌剧”的开拓之路。从小浸润在传统民族音乐环境中的郭兰英，在转向新歌剧后并没有“水土不服”，恰恰相反，扎实的山西梆子功底给了她充分创新的条件。在新歌剧的艺术创造中，她将传统戏曲中的表演特色，结合民间小调、民谣、地方小曲等元素，为歌剧注入来自传统戏曲的活力。无论是《白毛女》中喜儿的激愤、《小二黑结婚》中小芹的羞涩，还是《刘胡兰》中刘胡兰的悲壮，郭兰英都能通过唱腔、形体的表演将其再现出来。

中国近代音乐一直存在着中西音乐的交融与冲突，随着欧洲声乐学派各类唱法的传入，这种冲突愈加激烈。20 世纪 50 年代初期，中国声乐界就流行唱法又发起了一场“土洋之争”。那时郭兰英在中央实验歌剧舞剧院工作，有人劝她学西洋唱法：“你那土嗓子吃不开啦。”她却不以为意，心想不管用什么嗓子歌唱，只要群众欢迎就行。不料几天后，剧院的领导对郭兰英表示：“你得学习西洋唱法，不然将来剧院就不给你开饭。”郭兰英倍感压力，陷入两难。

不久，在北京饭店的招待会上，郭兰英向周恩来总理倾诉了自己的苦闷，总理听后安慰她：“别怕，他不给你开饭，你就到中南海来找我，我给你饭吃。”接着周总理领着郭兰英走到剧院领导面前说：“兰英同志的唱法，已经在广大群众中很有影响了，我看还是让她按照自己的路子发展下去吧，不能硬叫她学西洋的唱法。《白毛女》与《茶花女》都是受世界人民喜爱的艺术，还是按毛主席的指示办，‘百花齐放，百家争鸣’。你看怎样？”领导连连点头。

在周总理的支持下，郭兰英得以继续在民族声乐领域充分发挥才能，到了 20 世纪 60 年代，当郭兰英已经成为一个适应多种民族声乐演唱风格的艺术家时，她也不曾停止从民间音乐中汲取经验，学习更多种类的民族唱法。

1963 年，郭兰英在北京举办了郭兰英独唱会，开创了国内开办民族声乐音乐会的先河。音乐会上，郭兰英演唱了多种风格的创作歌曲、民歌、戏曲和歌剧，场场都反响热烈。独唱会的成功不仅是郭兰英个人事业发展进入新阶段的标志，更从艺术实践上证明了民族声乐传统的高度艺术成就。当时的权威评论也表示，这场音乐会“加强了民族声乐工作者的信心”“为学习西洋唱法的歌手如何向民族的声乐艺术学习，作出了贡献”。

郭兰英之所以受到广大群众欢迎，是因为她的表演反映了人民普遍的

郭兰英在音乐舞蹈史诗《东方红》中演唱《南泥湾》

斗争生活和思想感情，而她又对中国传统演唱艺术下了深厚的功夫。从饰演《白毛女》中“喜儿”开始，郭兰英不仅站上了中国最大的舞台演出，也始终不忘初心，深入全国各地基层为广大群众演出。

1981年夏天，郭兰英同剧院同事演出完，在塘沽火车站等车，剧院的一位同事喊了一声“郭兰英”，被候车的旅客听见了，大家纷纷围拢过来，请郭兰英唱歌。郭兰英毫不犹豫地答应了，歌声招来工人、学生、干部等，男女老少里三层、外三层将她围得水泄不通。车站的工作人员不得不搬来桌椅，搭起临时舞台。她为群众唱了《我的祖国》《南泥湾》《绣金匾》……“如不是怕误了火车，我还会为大家唱下去的。”郭兰英就这样坚持为人民歌唱，她走到哪里，哪里就成为音乐的节日、歌的海洋。

为国传承，投身音乐教育

在一次全国人民代表大会上，周恩来总理曾问人大代表郭兰英：“兰英啊，你现在还能唱还能演，将来年岁大了之后干什么啊，想过没有？”郭兰英明白，周总理是希望中国的民族音乐后继有人，民族的艺术事业才能发扬光大。她谨记周总理的嘱托，在20世纪80年代逐渐淡出民族歌剧表演舞台退居幕后，依然发挥余热，转向民族歌剧表演艺术的传承事业。

1986年年底，在老伴万兆元的支持下，郭兰英放弃了北京优越的生活条件，卖掉全部家产，举家南迁到冼星海的家乡——广东番禺，在离市区14公里外的飞鹅岭，建立了中国民族民间艺术学校（后改名为郭兰英艺术学校）。

在杂草丛生的飞鹅岭，他们和志愿者一起住草棚、搬石块、垒石板、铺路面……硬是把原来的破旧农场修缮改成了焕然一新的教学楼。由于劳累过度，加上营养不良，郭兰英和几个同伴身体浮肿了，但她办学的决心始终坚定不移。郭兰英出身贫苦，是党和人民把她培养成一个受人民爱戴的艺术家。滴水之恩，她坚持涌泉相报。

当郭兰英终于挂起“中国民族民间艺术学校”的牌匾时，全国热爱民族艺术的青少年慕名而来。但由于条件有限，学校第一批只招收了30名学生。在亲自担任校长的同时，郭兰英还执教声乐系，每天早上都带着学生一起练功。为了筹资办学，她率领由学校师生组成的“郭兰英艺术团”到处巡回演出，宣传民族文化艺术，终于赢得了社会各界的大力支持。

中国歌剧舞剧院曾多次复排《白毛女》，而郭兰英总会亲临现场，给年轻演员讲戏。2015年，在中国歌剧舞剧院《白毛女》的排练厅里，为了给青年演员雷佳示范“喜儿”的情感表达，86岁的郭兰英竟猛然扑倒在地，撕心裂肺失声痛哭，完全沉浸在“喜儿”痛失父亲的情绪当中。郭兰英如此教戏，让现场演职人员心疼又感动。雷佳仍记得，从进剧场起，郭兰英就没有叫过自己名字，都是叫“喜儿”。“在郭老师的眼里，只要进了剧场，每个人都是在角色当中。这就是老前辈们对待艺术的态度，也让我知道只有敬畏艺术，你才能够演绎好它。”在老艺术家的把关下，新一代表演者的传承演绎让红色经典焕发了新的魅力。

郭兰英常对年轻演员们说：“快把我身上的本事都拿去吧！”郭兰英对待学生，总是身体力行，不仅告诉他们演唱和表演的技巧，更用行动教会他们如何用真情诠释艺术、诠释情感、诠释对人民的爱。她常常教导学生要了解

郭兰英动情演唱对国家的感恩和对人民深沉的爱

民间的东西，“把人民的思想感情融化到我们唱歌当中来。艺术来自人民，我们再把艺术还回到人民当中去”。在学校，郭兰英讲得最多的也是：“歌，唱的是人民的生活；人民，是取之不尽的艺术。”她坚持要求毕业生要用 3 个月的时间去下乡演出，告诫学生深入民众。

2019 年，新华社曾联合知乎发起问题——“新中国成立 70 年来，有没有一首歌让你听了就热泪盈眶？”在近 1.5 万个回答中，点赞第一的回答是《我的祖国》。一首来自 20 世纪 50 年代的老歌，竟熨平了时代印记和年龄鸿沟，激起国人强烈的共鸣。

《我的祖国》是 1956 年电影《上甘岭》的主题曲，由郭兰英动情演唱，她将对国家的感恩和人民深沉的爱，唱进了每一个音符里，融入了每一段旋律中。每当唱起《我的祖国》，郭兰英总是难掩激动：“它完完全全唱的是我的心里话。我是党培养的文艺工作者，没有共产党就没有我的一切。我要用一辈子歌颂我们的党、我们的祖国、我们的人民。”

（文／谭佳媛　编辑／中国妇女杂志社　申敏夏）

樊锦诗：择一事终一生

1963 年，樊锦诗北京大学毕业后选择在敦煌文物研究所（敦煌研究院前身）工作整整 60 年，被誉为“敦煌的女儿”。她长期从事石窟考古、石窟保护与管理等方面的研究，为敦煌石窟的保护、研究、弘扬事业奉献了一生的心血和精力，极大地提高了敦煌石窟科学保护和管理的现代化水平。2019 年 9 月 17 日，国家主席习近平签署主席令，授予樊锦诗“文物保护杰出贡献者”国家荣誉称号。2023 年 9 月 7 日，联合国教科文组织为樊锦诗颁发了杰出贡献奖。

我心归处是敦煌

“此生命定，我就是个莫高窟的守护人”，这行字印在樊锦诗的自传《我

樊锦诗：“文物保护杰出贡献者”国家荣誉称号获得者。被授予“改革先锋”“最美奋斗者”称号。曾任敦煌研究院院长，现任敦煌研究院名誉院长、研究馆员。为褒扬樊锦诗为中国石窟考古与保护作出的杰出贡献，国际天文学联合会（IAU）小行星命名委员会批准将编号为 381323 号的小行星正式命名为“樊锦诗星”。

心归处是敦煌》的封面上。

莫高窟位于敦煌市东南25公里处的鸣沙山东麓断崖上，前临宕泉河，面朝三危山，是世界上现存规模最宏大、延续时间最长、内容最丰富、保存最完整的佛教古窟群。2019年，习近平总书记在敦煌研究院座谈时指出，敦煌文化展示了中华民族的文化自信，把莫高窟保护好，把敦煌文化传承好，是中华民族为世界文明进步应负的责任。

千年一瞬，大梦敦煌。半个世纪的风沙磨砺着莫高窟，也磨炼着樊锦诗。从未名湖到莫高窟，从风华学子到耄耋老人，她静守敦煌，60年来走遍了莫高窟的每一个洞窟，看遍了每一幅壁画和每一尊彩塑。谈起当年的选择，她很淡然：与其说是她选择了敦煌，倒不如说是敦煌选择了自己。她说："在莫高窟这样的自然环境里，我常常会想到李商隐的一句诗'天意怜幽草，人间重晚晴'，夕阳还是那样的夕阳，只是人已不再是昨日之人，有多少人早已消失在历史的苍茫之中。人其实是很渺小的，人的一生中能做的事情非常少，我们都只是过客。"

樊锦诗和几代莫高窟人的努力，彻底改变了"敦煌在中国，敦煌学在国外"的历史。她完成了敦煌莫高窟北朝、隋及唐代前期的分期断代研究，成为学术界公认的敦煌石窟分期排年成果；主持编写的《莫高窟第266～275窟考古报告》是国内第一本具有科学性和学术性的石窟考古报告，为其他石窟寺遗址考古报告的撰写提供了借鉴。1987年，莫高窟被联合国教科文组织世界遗产委员会批准列为我国首批世界文化遗产，申遗的申报材料全由樊锦诗手写，后来在她的推动之下，一系列保护条例和保护规划出台。

改革开放以后，有着巨大旅游价值的莫高窟被越来越多的人关注。当地有关部门和一些大公司曾多次找到樊锦诗，希望能谈成合作"捆绑上市"，可每次都在她这里碰一鼻子灰。当年修铁路，要在敦煌穿城而过，樊锦诗又站了出来，写提案力阻。最后的结果是，原铁道部考虑了樊锦诗的建议，铁路改道了，鸣沙山、月牙泉等景点没被破坏，有着厚重历史文化的大漠明珠敦煌"保住"了。樊锦诗总说的一句话就是"我们的保护就是要和时间赛跑"。

大漠里的青春之歌

肩背行囊，手拿草帽，身体微微前倾，眉眼间神情热切而坚定……樊锦诗25岁奔赴敦煌时意气风发。后来，敦煌文物研究所以她为原型，制作了一座雕塑，命名为《青春》。

樊锦诗说自己和敦煌的关系始于年少时的一种美丽幻想。小时候，她曾在中学课本上读到过一篇关于莫高窟的课文，说莫高窟是祖国西北的一颗明珠。“我对这篇课文的印象很深，后来就比较留意和敦煌有关的信息。特别是念了大学以后，凡是和敦煌有关的展览，包括出版的画册和明信片，我都格外关注。因此，我早就知道常书鸿、段文杰这些人，始终很向往那个地方。敦煌是我少年时代的一个梦。”

1958年，樊锦诗考入北京大学攻读考古专业，沉浸在求实创新的学术氛围里，接受了顶尖的考古学教育，也受到了北大精神文化的熏陶。那一时期北大考古专业的师长们，很多都是为新中国考古工作的开展和考古学科的建设作出重大贡献的开拓者，苏秉琦先生的“临行教诲”、宿白先生的“敦煌七讲”，对樊锦诗的人生选择产生重要影响。

大学毕业时，这位在北京出生、在上海长大的江南姑娘做出要去敦煌工作的决定，父亲很是担心从小身体不好的女儿受不了西北的黄沙凛冽，他写信给学校希望能考虑照顾一下。结果，这封信被樊锦诗偷偷扣下，她服从国家分配去了敦煌。

初到莫高窟时，洞内是神仙世界、艺术殿堂；洞外是飞沙走石、黄沙漫天。桌椅床铺全部都是土垒的，一天到晚身上的土怎么都掸不完。墙上挖个洞装个小门算是简易衣柜，搭两块板子就做成了书架。不通电，没有自来水，晚上睡觉，纸糊的顶棚会掉下老鼠落在床上。生活相当闭塞，周围山多，半导体总也接收不到信号，了解外界的唯一方式就是看报。一周甚至十几天之前的报纸拿到手，“新闻”早就变成了“历史”，如果收到电报，那一定是家里出了大事。

条件艰苦不说，那里的人找对象都难，对方一听在莫高窟工作，几乎就没了下文。结了婚的，也多是常年两地分居。这样的条件虽然让樊锦诗一度水土不服，吃不下饭，睡不着觉，但她却从没打过退堂鼓。她只是奇怪：常书鸿、段文杰、史苇湘等一代代前辈究竟是怎么在这个地方待了十几年甚至二十几年的？这样的好奇或许从内心深处给了她一种坚持下去的激励。

现在的敦煌，虽然生活条件已经比当年好太多太多，方便上网、看电影、聊微信，但比起外面的世界，依然显得特别单调。樊锦诗说，一代代的莫高窟守护者们，能耐得住寂寞待下来其实是很不容易的。“人这一辈子能做自己喜欢的事，还能为它作出一点贡献，那这辈子就算没白来这世上一趟。”可这样的“喜欢”和“贡献”背后，是她对家人的满满遗憾。

大学毕业时，樊锦诗的男朋友、同班同学彭金章被分配到了武汉大学任教。樊锦诗向他保证，等她把敦煌的壁画和彩塑看个遍、看个够，三年之后就到武汉和他安家落户。没想到这一去，彭金章就“等了好多个三年”。最终，彭金章“妥协”了，分居近 20 年后，他追随爱人来到了大漠深处。

彭金章调到敦煌研究院工作后，用了 8 年时间，啃下了被当时学界誉为“敦煌荒漠”的北区洞窟这块最难啃的“硬骨头”，不仅发掘出大批珍贵文物，还使莫高窟有编号记录的洞窟由 492 个增加到了 735 个。这位“打着灯笼也难找”的好丈夫，放弃了自己的商周考古事业，用爱成全了妻子的理想，也成就了自己新的事业。

1963 年，樊锦诗到敦煌文物研究所时，全所只有 48 个人，现在研究院全部职工超过了 1000 人，其中很多都是名牌大学毕业的博士、硕士等高学历人才。一群群风华正茂的青年为了同一个理想从祖国各地奔赴敦煌，在这里一待就是几十年甚至一辈子。所以，只要一说起她的坚守，樊锦诗就会说，敦煌研究院第一任掌门人常书鸿先生抛家舍业地为敦煌付出一生，身边有那么多同事一样在莫高窟甘守寂寞，她自己还有什么可说的呢？

尽管樊锦诗的许多前辈和同辈自己有着高学历，可孩子们却因为教育条件受限，好多没能考上大学，“献了青春献终身，献了终身献子孙”成了几代莫高窟人为了责任和担当而不得不承受的结果。为了能让孩子受到更好的教育，两个儿子在幼年时就不得不离开樊锦诗，母子三人的相聚时光也是屈指可数的短暂。现在，樊锦诗有了三个可爱的孙子，当别的同龄人都早已退休回家含饴弄孙尽享天伦时，樊锦诗却依然守在大漠深处。她说自己年纪大了，孙子是带不动了，只要自己不给孩子们添麻烦就足够了。

大漠风沙吹走了一代代莫高窟守护者的青春岁月和青壮年华，“樊锦诗们”把最好的时光都留给了莫高窟。每一位莫高窟守护者，都是凭借对敦煌文化与艺术的一腔热情和热爱，在荒漠戈壁深处扎下了根。

“互联网 +”焕发敦煌光彩

现在去敦煌莫高窟的游客，第一站都是离洞窟 15 公里的莫高窟数字展示中心。“数字敦煌”和“虚拟洞窟”，利用信息技术和展示手段，全方位模拟洞窟场景，使游客在进到莫高窟前就能感受身临其境的参观效果。

近几年，无论走到哪里，樊锦诗都在为莫高窟代言，她谈得最多的是“数字敦煌”。借助于新兴科技和“互联网 +”，古老的莫高窟获得了保护利用的新动力，也让樊锦诗和同事们看到了敦煌瑰宝永续传承的新希望。

“互联网 +”“大数据”“云计算”……当这些时下流行的新名词一个个从樊锦诗口中说出来时，古老的莫高窟正以“数字敦煌”的新面貌向我们走来。20 世纪 80 年代末，樊锦诗就从电脑和数字技术方面大胆构想了“数字敦煌”的未来。她说，珍贵精美的壁画和彩塑在逐渐退化，就像人一样，从幼年到壮年，最终无可避免老去直至消逝。要想让这些文物能够一代代永续利用，就得找到一种长久保存的方法。

樊锦诗和同事们探索出通过数字影像图片拼接、色彩校正和存储等数字技术来保存敦煌壁画的方法。到目前为止，敦煌研究院已经完成了莫高窟 290 个洞窟的高精度采集和 162 个洞窟的全景漫游节目制作，初步建立起了数字敦煌资源库。这样，每个洞窟就能被精确完整保真地“复制”下来，也可以“原汁原味”地传给子孙后代。

2014 年，莫高窟数字展示中心正式投入使用。游客来到敦煌，可先观看 4K 超高清宽银幕电影《千年莫高》和 8K 超高清球幕电影《梦幻佛宫》。清晰的影像和精妙的色彩还原，游客仿佛置身其间，反而获得了比在洞内更加贴近的观感。

为了验证这一必要性，樊锦诗用了10年时间。她说，之前也有人不理解，说千里迢迢来到敦煌，不看洞窟却要看电影？可现在，数字化展示获得了越来越多的游客好评。游客先通过两部电影了解敦煌石窟的历史及文化艺术的相关信息，掌握了足够的知识后再进洞观赏，既大幅提升了观感体验，又减少了在洞窟中的停留时间，合理保护了文物。

樊锦诗说，文物保护和开放利用从来不是对立的。通过科学管理和先进科技，珍贵文物是可以得到合理保护和永续利用的。莫高窟自1979年正式开放以来，几代莫高窟人从来没有为了开放去牺牲文物，也没有为了保护而闭门谢客。古老的莫高窟成为文物数字化保护与传承的先行者，其经验被广泛推广应用到国内其他遗产地。

用生命之光传承莫高精神

2014年，樊锦诗在“敦煌研究院成立70周年座谈会”上总结凝练了莫高精神。经过几代文物工作者的不懈奋斗，敦煌研究院在敦煌文化遗产保护、研究、弘扬事业中取得了显著成绩，成为我国文化遗产行业科学保护、精心管理的典范。在以常书鸿、段文杰和樊锦诗为代表的几代敦煌莫高窟文物工作者身上，凝练形成了一种可贵的精神品质，“坚守大漠、甘于奉献、勇于担当、开拓进取”，正是莫高精神的内核和体现。

2015年，樊锦诗卸任敦煌研究院院长，担任名誉院长，依旧留在敦煌莫高窟继续工作。樊锦诗说，要保护和传承好传统文化遗产，以后的任务还有很多很多，需要做的事永远也做不完。她曾跟大家开玩笑说，如果有一天她走了，就留一句话：我为敦煌尽力了。退休前，她持续近30年，每年都从自己的工资里拿出1万元，捐给中国敦煌石窟保护研究基金会；每次获奖的奖杯、奖章与奖金也都交给了敦煌研究院。退休后，她又把公积金账户里存的45万元一次性捐给了中国敦煌石窟保护研究基金会。

2023年，樊锦诗将获得的“吕志和奖——世界文明奖”“何梁何利基金科学与技术成就奖”的奖金以及个人积蓄，凑足2000万元，设立专项基金。一半赠予母校北京大学教育基金会，以支持北京大学敦煌学的研究，开展相关的学术研究、人才培养、国际交流；另一半捐赠给中国敦煌石窟保护研究基金会，用于推动敦煌石窟保护、研究、弘扬事业发展以及急需人才的培养。她说："这算是自己对敦煌事业，对推动全社会全方位助力敦煌研究院'典范''高地'建设，再做一点力所能及的工作。"

除了敦煌石窟的保护和研究工作，樊锦诗格外关注青年人的培养，一直保持与青年人的互动。2019 年，她在给北大新生的亲笔信中殷殷嘱咐"做有博大胸怀和仁爱境界的北大人"；2020 年，她又寄语北大考古文博学院的新生，要有沉潜大隐的心态和准备将个人追求融入考古这一神圣事业的执着与坚韧。很多年轻人从她的人生里读取理想和信念，2020 年，湖南女孩钟芳蓉以高分报考北大考古专业，说自己从小喜欢历史和文物，因受樊锦诗的影响所以选择报考北大考古专业。樊锦诗听说后，送给她口述自传，并且鼓励她"不忘初心，坚守自己的理想"。

"我常常说，我们是做了一些事，但这些事都是应该做的。敦煌还有许多事等待我们去做，关键是以后工作还要做得更好，不存在最好。我衷心希望新一代的莫高窟人，更加自觉地肩负起新的文化使命，勇做新时代中华优秀传统文化的继承者、传播者、创新者，让莫高精神代代相传！"

从敦煌的盛大到生命的广博，樊锦诗一直在探源，一直在思考。

（文／王晓艳　王婕　编辑／中国妇女杂志社 王晓艳）

第三篇
七一勋章

马毛姐：初心永恒　情怀不老

坐落在合肥市巢湖北岸的渡江战役纪念馆是一座呈战舰形状 49 度倾斜的宏伟建筑。馆内陈列有《渡江战役展览》和艺术群雕“胜利之师”。在人民群众送军过大江雕塑群中，一个立在船尾、划船渡江的小姑娘，总能吸引人们的注意，她就是马毛姐。当年，年仅 14 岁的马毛姐，划着“渡江第一船”，6 次横渡长江，运送 3 批解放军成功登岸，成为闻名全国的“渡江英雄”。

2020 年 8 月 19 日，习近平总书记在参观渡江战役纪念馆时指出，“渡江战役的胜利是靠老百姓用小船划出来的”。2021 年 6 月 29 日，中共中央授予马毛姐“七一勋章”。

马毛姐：“七一勋章”获得者。安徽省无为市马家坝村人，渡江战役中，年仅 14 岁的马毛姐参加“渡江突击队”，在手臂中弹的情况下依然咬牙坚持，不畏枪林弹雨 6 次横渡长江，运送 3 批解放军成功登岸。被授予“一等渡江功臣”，是闻名全国的“渡江英雄”。

送亲人过大江

时间回到1949年，那年2月，中国人民解放军解放了长江北岸的无为地区，20多万名解放军战士驻扎在沿岸各村，做着渡江的准备。当地群众挑米担柴、修路挖沟、准备船只，忙着各项支前工作。

马毛姐是无为县（今无为市）马坝村人，家里除了一间低矮的小茅草屋和几亩薄田，就剩一只用以捕鱼的小木船。作为贫苦渔家的孩子，马毛姐小小心灵中天然有着对中国共产党和中国人民解放军的深厚感情，她跟着哥哥去听动员会，并勇敢地报名参加了渡江突击队。

“打过长江去，解放全中国。”1949年4月20日夜，百万雄师在千里江线上兵分三路准备强渡长江，上万名船工严阵以待，承担起划船运送战士的任务。因为马毛姐岁数小，解放军不同意她划船支军。不甘心的她倔强地藏进了岸边的芦苇丛，趁着战斗开始、船刚离岸的瞬间，撑起长篙猛地一跃，跳上了自家的小船。就这样，马毛姐和哥哥划着船与其他3只船组成渡江突击队，载着首批30多名解放军战士向长江南岸进发。

船至江中心，敌人的炮弹突然袭来，打沉了旁边的小船，也击中了马毛姐的右臂，鲜血瞬间流了出来。

这个时候如果马毛姐倒下，船就只能被迫停在江流中心，全船战士就会暴露在敌人的火力之下，成为敌人的活靶子。想到这里，马毛姐快速地从那补丁摞补丁的衣服上撕下一块布，简单包扎好伤口，咬紧牙关，强忍着疼痛，继续奋力摇橹，船只的行进速度更快了！

20多分钟后，马毛姐的船抵达了长江南岸，她顾不上休息，和哥哥一起驾船往回走，由于人多船少，长江北岸还有很多解放军战士等着。

返回途中，马毛姐和哥哥还从江里救起了几名落水的解放军战士，返回北岸后，马毛姐紧接着接上下一批解放军战士，连口气都没来得及喘，继续渡江作战。

就这样，马毛姐和哥哥马不停蹄地往返6趟，运送了3批解放军战士到达长江南岸，整整一个晚上没有合眼。

在全体军民的共同奋战下，天蒙蒙亮时，长江北岸的解放军战士被全部运送过江，生龙活虎的解放军战士一举突破了敌军防线，向着纵深挺进，马毛姐也终于完成了自己的任务，她累得整个人躺在地上，站都站不起来了。

马毛姐是渡江一等功获得者

14 岁的马毛姐还不知道，她在无意中创造了一个历史纪录，她和哥哥的船只是当晚全部突击队中第一只抵达长江南岸的，因此成为光荣的“渡江第一船”。

不久，在军民万众一心的努力下，战斗胜利了！战后，马毛姐荣获渡江战役“一等功臣”“支前模范”称号，在所有受到表彰的渡江支前英雄模范中，马毛姐是年龄最小的一位。

后来，每当有人问起马毛姐，当时小小年纪，怎么那么大胆子，不怕枪林弹雨，她的回答都异常坚定：“我这是送亲人过大江！只有支援共产党和解放军打败敌人，穷苦老百姓才能吃饱穿暖，日子才有盼头。”

从“马小姐”到“马毛姐”

翻看马毛姐渡江战役“一等功臣”的嘉奖时，细心的人会发现，奖状上写的是“马小姐”。

原来，当时部队同志看她没有名字，又是个小姑娘，便给她在姓名处填了个“马小姐”。从“马小姐”到“马毛姐”，这背后还有一段奇妙的故事。

1951 年，马毛姐受毛泽东主席的邀请，到北京参加国庆观礼。10 月 3 日晚上，中央领导同志和各地观礼代表一起看戏，马毛姐就坐在毛泽东和周恩来中间，毛主席拉着她的手，亲切地问她叫什么名字。这一问可把马毛姐问住了，她结结巴巴地说："我姓马，没有正式名字，因为在家排行老三，别人就叫我'三姐'……"在场的陈毅幽默地说："原来你还是一位无名英雄呢！"

第二天，毛主席邀请马毛姐到位于中南海的家中吃饭。吃饭时，毛主席问她："我想给你起个名字，你姓马，我姓毛，就叫你马毛姐吧，同意吗？"马毛姐听后激动得说不出话来，只是一个劲儿地点头。

从此，马毛姐有了正式的名字，渡江英雄马毛姐的故事也更加脍炙人口。

饭后，毛主席带着马毛姐和李敏、李讷在中南海散步。途中，他对马毛姐说，新中国成立了，你一定要读书，要好好学习，如果你愿意，可以来北京上学。马毛姐告诉毛主席，家乡已经安排好了自己的上学事宜，回去后一定用功读书，不辜负主席的期望。散完步，毛主席拿出一个本子、一支笔送给马毛姐，并在本子的扉页上写下："毛姐，好好学习，天天向上。"

在毛主席家吃的这顿饭，是马毛姐一生难忘的珍贵回忆，而毛主席也一直没有忘记这位勇敢的小英雄。1958 年，毛主席视察安徽，一忙完工作，便对在安徽工作的同志们说："把毛姐叫来……"在合肥稻香楼宾馆，马毛姐再次见到了毛泽东。7 年过去，当年 16 岁的渔民小姑娘，已经成长为一名工厂小能手了，令她没想到的是，主席一眼就认出了她。这一次，毛主席仍幽默地与马毛姐谈了许久：关于安徽、关于渔村群众、关于她的工作和学习……

永远跟着共产党走

马毛姐于 1954 年 6 月光荣地加入了中国共产党。她在入党申请书中鲜明表达出自己入党的初心："我永远跟着共产党走，我的一生献给党与人民。"

1957 年，马毛姐从巢县（今巢湖市）速成中学毕业，投身新中国的社会主义建设事业。麻纺厂、针织厂、被服厂、帽厂、东风服装厂，马毛姐从基层做起，兢兢业业，任劳任怨，担任过车间主任、团支部书记、工会主席、党支部书记等职务。1976 年，她调任合肥市服装鞋帽工业公司任副经理，直到 1990 年离休。

令同事们印象深刻的是，参加工作以来，马毛姐始终深藏功与名，从不以英雄自居，反而总是抢着干苦活、累活、脏活，“碰到困难上一步，面对利益退一步”。与她相熟多年的合肥工投改制中心离休干部丁卫东感慨地说：“作为功臣、劳模，马毛姐曾多次受到党和国家领导人接见，但她从不向组织提个人利益上的要求。”

“道理千万条，最根本的一条是：党叫干啥就干啥，把一切都献给党。”马毛姐这么说，也一直这么做。无论是当一线工人，还是后来走上领导岗位，她始终牢记自己是一名共产党员，处处严格自律，勤勤恳恳为老百姓服务。

离休不离党，退岗不褪色。离休后，马毛姐并没有闲下来在家含饴弄孙，而是经常到机关、工厂、社区、学校义务作报告、上党课，教育引导干部群众爱党爱国爱社会主义。她还应邀为八一电影制片厂录制影像资料，还原珍贵历史，宣讲伟大的渡江战役精神。

已是耄耋之年的马毛姐，不顾中风瘫痪的身体，坚持坐着轮椅深入青少年学生中，结合自身特殊经历讲述党的故事、革命的故事、英雄的故事，鼓励大家坚决听党话、跟党走，好好学习，天天向上。

对今天的一切，马毛姐感到十分知足，万分感恩，唯一的遗憾是当初毛主席送给自己的礼物——衣服、本子、笔，在一次老家发大水时被冲走，再也找不到了。

但在马毛姐看来，毛主席送给她的另外两件礼物永远不会消失，一是毛主席给她取的名字“马毛姐”，二是毛主席给她的亲笔题词“好好学习，天天向上”。

马毛姐用几十年如一日的坚持，诠释了一名共产党员的使命与责任，奉献与担当！

“把勋章送到渡江战役纪念馆去”

2021 年 6 月 29 日，庆祝中国共产党成立 100 周年“七一勋章”颁授仪式在北京人民大会堂金色大厅隆重举行。马毛姐作为领奖人，第一个上台受奖。

表彰结束后，马毛姐对女儿刘光林说：“把勋章送到渡江战役纪念馆去，给参观的人们看看，勉励大家要为国家、为人民多做好事，为国家建设贡献自己的力量。”她还叮嘱女儿，要珍惜党和人民给予的荣誉，再接再厉，代代接续，为党和人民再立新功。

2021 年 3 月，马毛姐回到家乡——“渡江英雄村”无为市马坝村。

70 多年前那个破败的小渔村早已化作历史的剪影，如今依水而建的马坝村已成为美丽乡村示范村，风景秀丽、宜居宜业。乡亲们通过发展现代农业和精品农业增收致富，过上了曾经想都不敢想的美好生活。

“三姐回来了！”老人们奔走相告，大人、孩子闻讯迅速围拢过来。马毛姐高兴地与乡亲们聊起了天：“家乡一年一个样，你看看以前哪有现在这么好的房子，我们当时只能以船为家。”

马毛姐笑着说，自己已经找不到当年住在哪里了，曾经泥泞不堪的土路被平坦笔直的柏油马路替代，她曾经藏身的那个芦苇丛边长着更茂盛的植被，守护着脚下的碧波。曾经的穷山恶水变成了青山碧水，村民再也不用靠天吃

马毛姐给学生们讲述英雄模范事迹

饭，靠江生活。看到这些，年迈的马毛姐不禁感慨万千。

孩子们的提问，让马毛姐打开了话匣子，谈起年少的苦难与渡江战役的壮烈，马毛姐语重心长地说：“是英雄的党和解放军，让穷人过上了好日子。任何时候，我们都不能忘记历史，不能忘记曾经的苦难，要牢记党的恩情，珍惜来之不易的幸福生活，奋力创造美好未来。”

时光荏苒，弹指一挥间。如今，马毛姐随儿女一起生活在合肥，因为身体原因，长期居住在社区卫生服务中心的养老病房里。住院病房和马毛姐的家在同一个生活小区，她既能得到专业的医疗护理，又能经常和孩子们见面，享受天伦之乐。

女儿刘光林说，这些年母亲患有糖尿病、脑梗死等多种疾病，但老人家精神状态很好，也非常坚强，“她一辈子豁达知足，无私无畏只为别人着想，活得很幸福”。

已届耄耋之年的马毛姐，对于现在的幸福生活，一直感叹“都是党和人民给的”。2021 年 6 月 10 日，安徽省“光荣在党 50 年”老党员老干部座谈会在合肥举行，马毛姐等 10 名老党员代表也获得了“光荣在党 50 年”纪念章。

在刘光林看来，母亲年纪大了，语言表达能力减退了，那段战争年代的记忆却深深印刻在她的心里，“她总是说，要让天下人都和她一样过上好日子。因为当时江北先解放，新社会一定会比旧社会好很多，这也是母亲那一代人肩负的使命”。

“马毛姐，一等渡江功臣，在渡江战役中，手臂中弹，依然咬牙坚持，6 次横渡长江，运送 3 批解放军成功登岸，是闻名全国的渡江英雄，一生淡泊名利，默默为党工作。”这是“七一勋章”颁授仪式上写给马毛姐的颁奖词。这段文字，是对这位渡江英雄平凡而伟大人生的高度评价，也是对一名优秀共产党员矢志践行初心使命、永葆为民情怀的精准注解。

（文／刘良慧　编辑／中国妇女杂志社 张姿）

王兰花：心若兰兮终不移

2021 年 6 月 29 日，庆祝中国共产党成立 100 周年“七一勋章”颁授仪式在北京人民大会堂金色大厅隆重举行。“王兰花，你又来了啊，光荣地又来了。”看到这位 2020 年自己去宁夏考察时交谈过的老人走上台，习近平总书记亲切地打招呼。王兰花激动地回答：“总书记，您好，这是我第六次受到您的亲切接见。我来的时候，我们宁夏的父老乡亲托我带话，让我问候您，总书记您好！”

一朵兰花　傲然绽放

“吴忠有个王兰花，身后跟着一群‘傻大妈’。”这是宁夏吴忠一句童叟

王兰花：“七一勋章”获得者。王兰花热心小组慈善协会会长，曾任宁夏回族自治区吴忠市利通区金星镇王兰花热心小组党支部书记。党的二十大代表。获评全国三八红旗手标兵、全国道德模范。

七一勋章
证书
中共中央
自信
每1天
感恩
每1天

皆知的顺口溜。1992 年，王兰花成为吴忠市利通区金星镇裕西社区的一名工作人员。在“社区”这个最基本的社会单元里，她“上管天文地理，下管鸡毛蒜皮，内管柴米油盐，外管斗殴扯皮”，每天忙得焦头烂额，却过得充实美满。

2004 年，王兰花光荣退休。为社区大事小情忙了 13 年的王兰花，突然一下子清闲下来，不能再“名正言顺”地为居民服务了，心里空落落的。“我当时在家关着门哭了 5 天，不是钱的问题，是精神上的支柱没有了，没干的了。我有一种失落感、一种孤独感。”第六天，王兰花“失落”地走出家门，居民仍然一口一个“老主任”叫着，上下水堵塞、暖气不热，夫妻吵架、邻里纠纷，开证明、办社保等大事小情，仍然来找王兰花。这让王兰花有了“人走茶不凉”的感觉，心里热热的。“我还能为居民做些事。”一股热流在王兰花的心底暗暗涌动!

说干就干，2005 年年初，王兰花和 6 位热心人一起，成立了吴忠市首个社区志愿服务小组——“王兰花热心小组”。成立之初，没有工作场所，大家就在王兰花家的客厅办公，开民情议事会、制订工作计划、总结互动经验；没有通信工具，王兰花的小灵通就是小组的热线电话，一天都没个空闲的时候；没有工作餐，王兰花就在家煮点儿绿豆稀饭、花豆稀饭，再买几个热饼子，大家边吃边想些帮助居民的好点子、金点子。在这个不足 20 平方米的狭小空间里，王兰花热心小组坚持了 5 年。

王兰花的回归，让 3000 多户早把她当作亲人的居民心里更踏实了。也因为轻车熟路，有群众基础，有多年帮助老弱病残、调解民事纠纷的社区工作经验，“王兰花热心小组”工作得风生水起。一传十、十传百，遇事来找“王兰花热心小组”的居民越来越多。“有一分光，就要发一分热。我一直琢磨，人退休了，但思想不能退休！共产党员的价值就是在为群众服务中体现出来的。”王兰花说。

靠近我　温暖你

“靠近我　温暖你”是王兰花热心小组成立之初提出的口号，也是热心小

王兰花热心小组帮群众解决大大小小的杂事

组对居民的承诺。这句口号，一诺就是近 20 年。

“志愿服务工作不能坐着等，要主动走到群众身边去。”王兰花热心小组印制发放了 4 万张便民服务卡，每天都有人打电话，或者亲自过来，让热心小组帮忙解决大大小小的杂事。因为总有忙不完的事、接不完的电话，王兰花总是给人风风火火的感觉。“别看王姨 70 多了，她走起路来，我们‘90 后’都跟在后面小跑”，爱心小组青年志愿者打趣道。

渐渐地，小区的路灯亮了，19 号楼的下水通了，贫困户生病治疗能报销了，7 号楼闹气的两口子和好了，单亲妈妈的廉租房申请下来了……社区里的大事小情都有王兰花的身影。在不知道的人看来，热心小组做的都是鸡毛蒜皮的小事；但是对于受助人家庭来说，都是很大、很棘手的事，都是自己解决不了的问题。王兰花说：“我觉得帮不帮是一码事，帮不帮得成是另一码事，帮助别人就要尽心尽力、全心全意。”

2010 年，裕西社区专门腾出 230 平方米社区用房供热心小组开展各类活动使用。各级党委、政府精心为王兰花热心小组打造了服务工作室、兰花成长轨迹室、党群工作室、康复理疗站等功能室，便于更好开展志愿服务工作。王兰花更加坚定了开展志愿服务、帮助群众的信心。

最看中“好心人”这个称呼

一出门，看到王兰花的居民都会热情主动地跟她打招呼。“‘代表’‘老主任’‘活雷锋’‘好心人’……他们叫我啥的都有。我最看中的是‘好心人’这个称呼。有生之年能够尽自己的力量关心身边的人，我觉得很幸福。”

社区居民舒某突发心肌梗死去世，爱人离家出走，留下年少的舒宏勇和舒宏亮两兄弟没人照顾，王兰花热心小组主动承担起了这两个孩子的“吃喝拉撒”。

每次的奖金、慰问金，王兰花也都没留下，全部捐了。2009 年，王兰花被评选为吴忠市“助人劳动模范”，奖金 500 元。钱还没有“焐热”，王兰花就已经想好了它的去处：给单亲妈妈马瑞聪和她患有脑瘫的儿子 200 元；给生活困难的张金霞和刚刚下岗的夏贵恩各 100 元；剩下的 100 元给闫楠。闫楠的爸爸离家出走，妈妈改嫁，跟 80 多岁的奶奶冶淑兰相依为命，王兰花拿着 100 元奖金给他买了一身新衣服。小闫楠高兴得跟什么似的，看着孩子激动的小模样，王兰花和闫楠奶奶在旁边开心地抹眼泪。

晚上躺在床上，王兰花还时常会想起她最惦记的孩子马天乐。2008 年，王兰花接到一个电话。刚一接通，电话那头传来一个女人泣不成声的请求：“王姨妈，您救救我的孩子吧，他得了白血病……”王兰花去医院看孩子，小天乐小脸煞白、休克了。“这个娃娃跟我的孙子一般大，一样心疼，咋能忍心不救呢？”

王兰花打车把孩子送到银川的大医院，并带领志愿者们为小天乐募集到各界爱心捐款 13.2 万元，把孩子救回来了！ 15 年过去了，如今的小天乐已经长成一个帅气的小伙儿，正在宁夏农学院读书。

长途货运司机郭云在一次从宁夏赶往四川运输牛羊肉的途中发生车祸，导致下肢瘫痪，事故赔偿迟迟没有着落，妻子马金霞在电视上得知吴忠市有个“热心小组”，抱着试一试的态度找到小组帮忙。王兰花和热心小组志愿者一起，跑法院、找当事人，经过大半个月的多方协调，让郭云得以住院治疗，还为马金霞联系了一个水果摊位，扶持她就业，帮助她养家糊口。“王姨的心在我们身上长着呢，要是没有她，我们的家就散了。”

王兰花有4个孩子，3个下岗，只有小女儿有正式工作。可是一有工作机会，她总是让给家庭更困难的人。看到别人纷纷在王兰花的帮助下找到工作，大女儿也曾向她哭诉：“我都下岗多少年了，你咋不管我。”王兰花私下流着泪说：“志愿服务不是作秀，要实打实地干呢。其实我心里也难过得不行，但是想想自己的孩子还能对付着过，那些需要帮助的人可真是活不下去呀。”

看到越来越多的人在王兰花的帮助下，解决了困难，过上了好日子，家人渐渐理解了王兰花。“我妈常说，当志愿者要用心去做，要大公无私，鸡肚肚鸭肠肠小心眼儿，是干不下去的。我妈妈心中有大爱。”女儿王会珍说。

让王兰花欣慰的是，她的4个儿女都穿上了红马甲，成为志愿者，她的一家有20多人加入志愿者服务行列，用实际行动传承志愿服务精神。

18本为民日记，18年初心不改

“2006年11月13日，居民耿秀兰反映邻居在楼道架蜂窝煤炉子，造成污染，请我们帮助调解。”

“2010年3月19日，帮助居民马彦贵申请廉租房。”

……

从事志愿服务多年，王兰花养成了做记录的习惯。社区的事情繁杂琐碎，她通过记日记的方式，把居民日常反映的问题、亟待解决的困难和开展志愿服务的情况和感受记录下来，一件一件落实。不知不觉中，王兰花和热心小组，已经积累了18本特殊的“日记”。这些日记本静静地摆放在兰花芬芳志愿服务中心的橱窗内，默默诉说着近20年来王兰花和她的志愿服务队以接待群众热心、调查了解细心、教育疏导诚心、调解纠纷耐心、处理问题公心的“五心”服务理念，帮助关爱社区群众的点点滴滴。

“你们的经验很好，真正体现了行胜于言。社会主义是干出来的，各族群众要一起努力，志愿者要充分发挥作用，谢谢你们的努力和贡献。”2020年6

月 8 日，习近平总书记来到利通区金花园社区，为志愿者点赞。

“这就是对我们志愿者最大的鼓舞。我不会辜负习近平总书记的嘱托和期望。”王兰花说，“做志愿服务，已经成为我生命的一部分，我只是做了该做的事。”

“好运来，祝你好运来，好运带来了喜和爱……”这首喜庆的曲子是王兰花的手机铃声。每一天，这首曲子都会不停播放，因为找王兰花的人太多了。电话一响，身边的人就会开玩笑地说：“王姨，你的‘好运’又来了。”王兰花听了笑开了花，在她心里，尽己所能为群众解决困难，是一种幸运，也是一种幸福。

从一朵兰花到兰花朵朵

金杯银杯，最好的是百姓的口碑。王兰花的热心肠感染着周边的人，她就像一个巨大的磁场，吸引着周边的人向她靠拢。

“谁家娃娃上不了学，她跑前跑后张罗；谁家有重病致残的，她想方设法筹钱资助；谁家有解不开的疙瘩纠纷，她会上门协调解决……”说起共事十几年的王兰花，志愿者郭淑玲有太多感触。

郭淑玲是王兰花的老邻居。退休在家的郭淑玲看到王兰花把裤腿挽得老高，拿着一根 2 米多长的竹竿，头也不回，急慌慌地给人去通下水道；看到王兰花去给 70 多岁的独居老人扫地洗衣做饭，还把老人的脚抱在怀里修剪指甲，那一刻她被王兰花征服了。郭淑玲成为王兰花热心小组第一批成员，如今已经是“元老级”志愿者的她，成了王兰花的“左膀右臂”。

舒宏勇和舒宏亮兄弟、张金霞、马天乐、吴楠这些曾经在雨中被王兰花热心小组撑过伞的人，如今都成为为别人挡风遮雨的志愿者。王兰花热心小组的志愿者从 7 人发展到 1266 人。

热心小组成立近 20 年来，解决了 7200 多件群众的烦心事揪心事。把好事做到群众心坎上的王兰花，把志愿服务的“种子”种到了青少年的心田里。

每到寒暑假，河北美术学院学生丁有辉都会回到吴忠市参与志愿服务。他还在校园里组织成立了一支志愿服务队。幼师马晶成为一名职业志愿者，帮助辖区内空巢老人、残疾人解决燃眉之急，还动员家人参与疫情防控、每日为志愿者送“爱心餐”。银川唐徕中学学生陈宇阳和父母一起发起组建了一支以青少年学生为主，平均年龄 15 岁的暖阳爱心志愿服务队，积极开展爱心助残、关怀老人、保护环境等一系列公益服务活动。100 支“小兰花”志愿服务队已经在吴忠市成立，志愿服务成为孩子们实践教育的重要内容。

“有困难找志愿者，有时间做志愿者。”志愿服务精神已经融入吴忠市民的灵魂。一支 31 万人的注册志愿者队伍已经形成，占常住人口的 22.5%。在吴忠市，每 5 个人中就有一名志愿者。

“看到这么多青少年踊跃参加志愿服务，我看到了未来，看到了希望。”王兰花高兴地说，“我最希望有更多的年轻人加入我们，把志愿者精神永远传承下去，让热心小组能永远持续为社区服务、为社会服务。”

2022 年，王兰花当选为党的二十大代表，第七次走进人民大会堂，全程参与了这场举世瞩目的盛会。“身边的志愿者越多，群众的困难就会越少。总书记在报告中强调，要完善志愿服务制度和工作体系。我虽然已经73岁了，但是从事志愿服务的心依然火热、永远年轻。今后的日子里，我会继续有一分光发一分热，把志愿活动扎根在基层，帮助居民解决操心事、烦心事、揪心事！”

（文／郭懿　编辑／中国妇女杂志社 杨华）

张桂梅：创山村教育奇迹的时代楷模

张桂梅坚守滇西深度贫困山区，创办全国唯一一所全免费女子高中，让两千多名女孩圆了大学梦，创造了大山里的“教育奇迹”，点亮乡村女孩的人生梦想。2020 年 12 月 11 日，中共中央宣传部授予张桂梅“时代楷模”称号；2021 年 6 月 29 日，中共中央总书记、国家主席、中央军委主席习近平向她颁授“七一勋章”。

做点亮女孩人生的一束光

每年高考成绩一出，无论认识不认识，大家都会把关注的目光投向张桂梅创立的丽江华坪女子高级中学（以下简称“华坪女高”）。她让两千多名女

张桂梅：“七一勋章”获得者。被授予“时代楷模”称号。云南丽江华坪女子高级中学党支部书记、校长。党的十七大、二十大代表。获评全国脱贫攻坚楷模、“感动中国 2020 年度人物”、全国优秀共产党员、全国三八红旗手标兵、中国十大女杰、全国先进工作者、全国道德模范。

孩走出大山，考上大学。

十几年前，张桂梅曾说："我有一个梦想，办一所不收费的女子高中，把山里的女孩子都找来读书。"而今，她实现的不只是自己的梦想，也圆了山村女孩子的读书梦。

办学初期，学校条件差，刚建起来的华坪女高，没有围墙，没有食堂，甚至没有厕所，只有一栋教学楼和一根旗杆。学生在一间教室上课，在另一间教室睡觉，吃饭、上厕所只能去隔壁学校。但张桂梅说，她不能等到一切都建好再开学，晚一年招生，就又有一批女孩被耽误了。

也是从那时候起，张桂梅暗下决心，就是把命搭上，也要把学校办出名堂。

华坪女高的学生都熟悉张桂梅手里的小喇叭，她似乎永远都在对着小喇叭喊："姑娘们，快点！快点！"从创办学校至今，她始终睡在学生宿舍，管理非常严格，将学生吃饭、睡觉、做操的时间严格控制在分秒。因为"入学的女孩子要把小学、初中的课补回来才能参加高考，在这里 3 年，相当于要学 7 年的知识"。她不厌其烦地督促学生起床、跑步、吃饭、睡觉，"你们迟到一秒钟我也不干"！她不断地对老师和学生说："坚持，再坚持一下呗！"华坪女高的学生都知道，进入这所学校就是来改变命运的，不拼拿什么和别人比？张老师也在拼啊！

2011 年夏天，华坪女高首届毕业生高考成绩出炉，达到百分百上线率，华坪女高创造了一个教学奇迹。华坪女高送走一届又一届毕业生，连续 13 年综合成绩稳居全市第一。

2021 年 6 月 29 日，张桂梅到人民大会堂参加"七一勋章"颁授仪式，她被人搀扶着上台领奖，那贴满膏药的双手感动了所有人。

事实上，张桂梅身患 20 多种疾病，骨瘤、类风湿……然而，拖着病躯，她坚持家访，覆盖华坪和周边区县学生的家庭。她翻山越岭不畏艰险，有时累得在路边昏睡过，也摔断过肋骨。晕倒，迷路，受伤，发烧……都不能阻断她家访的脚步。

在家访中，张桂梅经常会掏尽身上所有的钱，甚至当场脱下自己的新棉衣送给衣着单薄的学生家长。她用各级政府给她的奖励、补贴和各界捐款资助贫困学生的家庭，也会根据实际情况帮助他们向民政部门申请低保保障。

通过家访，每个学生和家庭的喜怒哀乐张桂梅全都了然于心，也全都尽自己所能对症下药。十几年来，华坪女高没有一个学生因为贫困辍学。

“如果能培养有文化、有责任的母亲，大山里的孩子就不会辍学，更不会成为孤儿，就能改变一代代女性的人生，不让贫困代际传承。”张桂梅起草《关于创办华坪县贫困女子高中的设想与计划》时，曾写下她努力的最终目标：要使华坪县的女性实现“高素质的女孩—高素质的母亲—高素质的下一代”的良性循环。

人们说，张桂梅就是一束光，照亮了女孩们的人生。

一个普通女教师的“狂想”

当年，年轻的张桂梅从黑龙江来到云南，与丈夫一起在大理喜洲镇第一中学教书，不料丈夫因胃癌去世，痛苦万分的张桂梅日日触景伤情，她想换换环境，于是申请调到偏远的丽江市华坪县任教。然而天有不测风云，张桂梅被查出患有子宫肌瘤，需立即住院治疗。当初为给丈夫看病早已花光了所有的积蓄，在华坪，她无亲无故、无依无靠，一贫如洗的张桂梅绝望了。但是她心里记挂着毕业班，她不能放弃孩子们，于是她忍着病痛一个教室一个教室地上课，直到把学生都送进了考场。

张桂梅的情况很快被大家获知，在1997年的县妇代会上，代表们和县领导主动为张桂梅捐款治病，甚至有的代表掏光了衣兜，没钱坐车，走几小时山路回家。张桂梅热泪滚滚，她被前所未有的温暖包围，从此她的生命将和华坪紧紧连在一起。

手术后的张桂梅回到学校，发现班上有好几个女生辍学了。明明成绩都很好，为什么就不读了呢？接着她注意到各个班里的女生人数都大大少于男生。她陷入了沉思，是什么原因让女生入学率低，退学率高？于是她开始到学生家里家访。有的女孩哭着说自己想读书，但家里太穷拿不出学费，父母让她嫁人换彩礼；有的女孩则被父母留在家干农活，供上学的哥哥弟弟们去县城补课……

张桂梅一边苦口婆心地劝说家长让女孩读书，一边找村干部帮忙做工作。她想能拉回一个是一个，实在家里穷拿不出学费的，她就用自己的工资补贴。从那以后，张桂梅从牙缝里省下来的钱都留给了那些上不起学的女生。

在云南贫困的大山里，重男轻女的传统观念影响着一代又一代女性的命运，张桂梅明白，个人的资助实在是杯水车薪，怎样才能真正帮到这些女孩子呢？她想到的办法是一个在很多人看来根本不可能完成的任务——办一所免费的女子高中，为大山里的女孩提供受教育机会。因为“只有这样才能阻断贫困的代际传递，打破女孩没文化的恶性循环”。她说：“我要解决低素质母亲和低素质孩子的恶性循环！”

谁能相信一个普通女教师的“狂想”呢？那是一段不堪回首的日子，连续几年，张桂梅一到假期就去昆明街头募捐，到处跟人讲自己的办学梦想，把历年来获得的荣誉证书复印了一份又一份，用兜子提着，逢人便拿出来请求捐款。可人家说她是骗子，甚至有保安放狗咬她。

就在张桂梅也觉得梦想永远只能是梦想的时候，一个机遇终结了她“乞丐”一样的日子。

张桂梅当时因为带病坚持教学，成绩突出，获得了诸多国家级荣誉。2007 年，她当选为党的十七大代表，县里资助她 7000 元，让她换换行头，光光鲜鲜地去北京开会。从来不舍得买新衣服的张桂梅却用这笔钱给学生买了台电脑，自己则穿着平日的衣服去了北京。而正是这身旧衣服为她带来了转机。

那天早晨，张桂梅正往会场走，忽然被一位女记者拉住，告诉她，她的牛仔裤后面破了两个洞。虽然尴尬，但也因此有了向记者倾诉的机会，整整一个晚上，张桂梅将自己的办学梦想和盘托出。

很快，一篇《“我有一个梦想”——访云南省丽江市华坪县民族中学教师张桂梅代表》的报道发出，张桂梅的梦想感动了无数人，当地政府首先拿出 200 万元资助办学。

2008 年 9 月 1 日，华坪女高建成并正式开学，这也是全国唯一一所全免

张桂梅把一生奉献给了大山里的女孩子

步履艰难的家访路

费女子高中。第一年就招收了100名来自大山的女孩，看着她们走进校园，开始新的人生，张桂梅站在教学楼前泪流满面。

脚步蹒跚步履不停

丽江市贫困山区许多初中毕业的女孩，都走进了华坪女高的学堂，历届高中毕业生升学率100%。毕业生们进了浙江大学、厦门大学、四川大学、武汉大学……遍布全国各地。张桂梅曾经鼓励她们“去艰苦的地方，报效祖国”，很多学生大学毕业后和她们的校长一样，主动选择去偏远艰苦的地方工作。她们当了教师、警察、医生……

张桂梅的一位姓李的学生说，自己的父亲去世，家里没有能力供她读高中，是华坪女高免收学费、书费、住宿费，张桂梅老师每月还给她700元生活费，才让她读完高中。当她正在为大学学费发愁的时候，张老师又送来了1万元。这位学生的母亲说：“张老师很伟大！没有她和华坪女高的帮助，孩子读不了高中，也上不了大学。”

张桂梅的一名姓高的学生，初三没毕业父母就先后去世，留下她和弟弟以及年迈的爷爷。她的中考分数远超当年录取分数线，她报考了华坪女高，学校不仅免学费书费，张桂梅每月还补助她300元生活费，又把她弟弟接到儿童之家生活。在张桂梅的不断鼓励下，她终于走出丧亲的悲痛，努力学习，考上了大学，现在她也有了幸福的小家。她说：“没有张桂梅老师就没有我的今天，她是我生命中最重要的人，我喊她阿妈。”

张桂梅的学生周云丽是华坪女高的第一届学生，大学毕业后，本来考取了邻县一所中学的教师岗位。听说华坪女高缺教师，她毫不犹豫放弃了正式编制，回到母校担任代课老师，直到一年后才考试转正。“这都是张老师教育我们的，自己强大了，也要记得去帮助别人。”

两千多名女生接受了“公平而有质量的教育”，从华坪女高走进大学。不仅她们自己的命运就此发生转折，也给贫困的家庭带去了新生，为当地的脱贫攻坚作出了不可磨灭的贡献。联合国教科文组织促进女童和妇女教育特使彭丽媛，向联合国教科文组织第五届女童和妇女教育奖致贺词时，提及张桂梅的故事，称赞她：“像一束希望之光，照亮孩子们的追梦人生。”

只要有党员在，就没有办不成的事

获得“时代楷模”和“七一勋章”后，很多人都称赞张桂梅了不起，她却说：“华坪女高能走到今天，离不开党和政府作坚强的后盾。”的确，各级党委政府都给了华坪女高极大的支持，当地为学校解决了50个教师编制，教师工资和办学经费均由县财政全额拨款。

华坪女高办学初期，17名老师有9名辞职，张桂梅注意到，加上自己，剩下的教师中有6名共产党员。她心中立刻有了力量，“只要有党员在，就没有办不成的事”。于是她带领党员重温入党誓词，让所有的党员充满力量，意识到责任与使命，学校因此度过了最艰难的时刻。

张桂梅深知理想信念教育的重要。高一进校第一课，张桂梅会让新生抄写党章，听革命故事。唱红色歌曲、忆红色历史、读红色著作、记红色名言、看红色影视、塑红色课堂、办红色校报——红色教育就是“特色教育”。校园里处处有红色文化标语，操场旁的石壁上绘有鲜红党旗和入党誓词，还有“共产党人顶天立地代代相传”的巨幅大字。每天下课全校同学会在操场集合，唱红色歌曲，做红色课间操，张桂梅尤其喜欢举着小喇叭，带着姑娘们一起唱《红梅赞》。学生群情激昂、热血沸腾。

张桂梅要求党员教职员工全都佩戴党员徽章上班，每周重温一次入党誓词，每周唱一支经典革命歌曲，每周开展一次党员理论学习，每周观看一部具有教育意义的影片。她把立德树人作为立校之本，把理想信念作为育人之基，而这一教育理念让大山里的学生变得坚强有力。

有人对张桂梅说，张老师，你快枯竭了，一个人爱的能量是有限的，你已经输出到了极限。张桂梅回答：“说实话，光靠同情心和热情，我坚持不到

张桂梅带领师生向党宣誓，做党的好儿女

今天。支撑我走下去的，是一种责任与追求。我是共产党员，只要还有一口气，就要为这片土地上的人们倾尽全力，奉献所有！”

“我生来就是高山而非溪流，我欲于群峰之巅俯视平庸的沟壑。我生来就是人杰而非草芥，我站在伟人之肩藐视卑微的懦夫！”这是华坪女高的峥峥誓词。

（编辑／中国妇女杂志社　苏容）

林丹：一片“丹心” 一方安心

“昔日纸褙军门前，今日文明一枝花。”这是 1995 年 4 月，时任福建省委副书记、福州市委书记的习近平送给福州市鼓楼区东街街道军门社区的一副对联，借此褒扬以党建创新推动社会管理的好做法。

社区的蜕变、焕新还在继续，这都离不开社区党委书记林丹多年的付出。1972 年，林丹上山下乡回城，在等待工作分配时，受当时的主任邀请到居委会帮忙，这一“帮”就是51个春秋。她始终当好党的“传声筒”、群众的“服务员”，把党的工作做到群众心坎上，用一片“丹心”换来一方安心。

2021 年 6 月 29 日上午 10 时，中共中央总书记、国家主席、中央军委主席习近平首次颁授“七一勋章”并发表重要讲话。作为社区工作者的杰出代

林丹：“七一勋章”获得者。福建省福州市鼓楼区东街街道军门社区党委书记、妇联主席，获评全国优秀共产党员、全国三八红旗手、全国优秀社区工作者。

門社區
现代

表，林丹被授予“七一勋章”。

用心——回答好“三个如何”时代命题

“社区的党组织和党员干部天天同居民群众打交道，要多想想如何让群众生活和办事更方便一些，如何让群众表达诉求的渠道更畅通一些，如何让群众感觉更平安、更幸福一些，真正使千家万户切身感受到党和政府的温暖。”

短短南营巷，承载了军门社区的独家记忆。墙上的“三个如何”之间，是开启新时代幸福生活的指南。

2014 年 11 月，习近平总书记视察军门社区时，提出了“三个如何”的要求。9 年来，林丹牢记嘱托，带领社区干部以更大力度、更新举措不断加强社区党建，持续引领治理创新。

如何让群众生活和办事更方便一些？林丹在这方面也频频发力：率先在社区推行“一趟不用跑，最多跑一趟”服务，在全省率先开展“片长制”网格化管理，用好“鼓楼社区幸福通”“一线处置”机制，以数字福州的技术优势造福于民。

如何让群众表达诉求的渠道更畅通一些？林丹提出，社区协商不是社区的“一言堂”，而是大家集思广益的“群言堂”，要打造一个让群众畅所欲言的平台——每月 10 日的“居民恳谈日”。每到这天，林丹就会邀请各职能部门来到社区，一起破解居民关心的问题。

南营巷景观整治后，路面焕然一新。这时，居民却碰上了水管堵塞问题。按照相关规定，新修建的道路 5 年内不能破路，意味着无法换管。这个问题在当月的“居民恳谈日”被林丹摆上了桌面。

“是百姓喝水难的问题重要，还是不能破路的规定重要？”在居民、自来水公司、建设局、人大代表、政协委员协商下，更换水管“特事特办”，从动工到完事仅花了一周时间，喝上放心水的群众拍手叫好：“只要用心，没有办不成的事！”

如何让群众感觉更平安、更幸福一些？林丹在“一老一少”上下足了功夫，她说：“一老一少幸福了，就能免去孩子家长和老人子女的后顾之忧；每个小家庭和谐了，社区大家庭也就和谐了。”

“吃得好、服务好，大家都愿意来，子女也能放心不少。”军门社区长者食堂·学堂内，居民许德隆与老人们坐在一起，共享幸福“食”光。大家喜欢来这里的原因是，四菜一汤只要10元，平时也有“学堂”活动。林丹不仅着手把社区“养老服务站”升级为“养老照料服务中心”，还自建自营长者食堂·学堂，让家门口养老更加有“知”有味。

不远处的“阳光朵朵”是福州市第一家公立少儿托管中心，由军门社区4点钟学校升级而来。“4点钟学校解决了孩子放学后没人接、无处去的问题，后来，很多双职工家庭的家长又产生了中午、晚上孩子就餐的需求，所以我们就呼应居民所盼，升级成了托管中心。”林丹说。

用心回答好“三个如何”，是林丹持续探索社区治理和创新社区服务的一条主线。发端于军门社区的“135”社区党建工作模式是城市基层党建的示范，现已拓展为军门社区“13335”工作法，得到民政部肯定并向全省、全国推广。

两年前，林丹从军门小巷走进人民大会堂，从习近平总书记手中受领“七一勋章”。回忆起与习近平总书记再次面对面的难忘情景，林丹依旧激动：“走上授勋台时，总书记满脸笑容与我握手，向军门社区的居民们问好。总书记说，‘七一勋章’获得者都来自人民、植根人民，是立足本职、默默奉献的平凡英雄。我听了特别感动，我只是做了一名共产党员应该做的事。”

殷殷嘱托，使命在肩。倍加珍惜这份荣誉的林丹，正越发坚定地前行在党建引领社区治理的创新之路上。

暖心——深化近邻党建工作

如果问军门社区的居民，幸福是什么？他们会告诉你，幸福是老年人上午10时在社区养老照料服务中心的其乐融融，是下午4时孩子们在“阳光朵朵”托管中心的爽朗笑声，是晚上8时年轻人在健身室的尽情挥拍……

不同年龄、不同职业、不同身份的居民，都能在军门社区收获到属于自己的幸福感和满足感，林丹将这归功于党建引领。

军门社区开展“服务时代好声音 飞入寻常百姓家”党员志愿服务活动

作为社区党委书记，林丹在工作中始终把党的建设摆在首位，多年来为福州市社区创新了“社区党员联系卡”“三必访”“党员义务十大员”“吉祥三宝”“党员代理服务制”等社区一线富有实效的党建工作品牌，在福州乃至福建得到大范围的学习、推广和使用。

10 年前，林丹率先在全市探索实行了社区大党委兼职委员制，并通过设立“党建联盟”，使党建引领下的社区治理创新工作得到突破性进展，如今在近邻党建工作中也发挥着大作用。

“儿子小城考上了重点大学，我打心里感激林丹书记、社区和爱心企业。”老吴激动地讲起了自己的故事。他文化水平不高，靠打零工维持生计，妻子在家操持家务并照顾老人。“我们有了孩子后，本是件开心事，但连吃饭都成了问题，如何养孩子？”

林丹反复琢磨，决定把党建工作与帮扶助困相融合。她为老吴申请了社区公益岗位，又帮他的妻子协调了一个夜市店面。经社区牵线，辖区党建联盟单位与老吴一家签订了帮扶协议，每月给予生活资助，逢年过节还上门慰问。现在，小城上了大学，林丹又牵线共建单位每年送上 6000 元助学金，解决了学费问题。老吴说："生活条件大改善，我们对幸福生活也有了憧憬。"

当不同领域、行业的党组织和党员在同一屋檐下成为"一家人"，社区治理便有了强大合力。

军门社区现有楼院68座，常住居民约3500户，人口1.3万余人，如何更好地开展"共谋、共建、共管、共评、共享"？林丹将持续深化近邻党建作为突破点，发动社区党委下辖15个党支部、300多名党员，把党的工作触角延伸到"最后一米"，解决居民身边事。

"抓住党建这个'牛鼻子'，各项工作都能水到渠成。"林丹说。节能环保的新能源汽车越来越受欢迎，当南营小区准备安装汽车充电桩时，却因为一些居民的不解受阻。这时，南营支部的党员居民站了出来："这是为小区景观整治锦上添花，为生活提供便利的好事。我愿意在自家门口的位置，先装上充电桩。"有了党员带头，项目很快就有了新进展。

如今，68座楼院进行了全面提升，引进了品牌物业开展长效化、精细化管理服务，建立楼栋党小组、物业公司、网格员等多方联动的治理机制，老旧小区改造与社区精细化治理同步推进。

小区物联网、视联网、大数据、自助报警的灯杆等智能设施一应俱全，智慧小区雏形初步形成，居住质量大幅提高，邻里关系亲如一家，每个人都说："有了'小巷总理'，我们邻里之间真是处得舒心、住得安心、笑得开心。"

服务群众没有终点，社区工作只有更好。在林丹的躬身带领下，军门社区党委先后荣获"全国先进基层党组织""全国文明单位"等180多项集体荣誉。"军门社区书记讲坛""林丹党代表工作室""林丹社区工作者培训基地"更培养了一批批社区工作者，为福州社会治理提供了坚实的队伍保障。

初心——永远当好百姓的服务员

50年间，一座座旧楼房换上新颜，一个个新生儿长大成人，林丹数次放弃了高薪聘请，放弃了街道提拔，始终是群众口中的"小巷总理"。

"在军门社区工作了半个世纪，社区里的每一点变化我都记在心里。其中最让我高兴的是，困难群众重新扬起了笑脸。”林丹说。

经营一家小店的小倪，正是在林丹的帮助下看到了幸福的希望。小倪幼时丧母，父亲在他成年后不久因病去世，家庭变故让小倪备受打击，不仅没了生计，还走上了歪路。“小倪是我看着长大的，现在连亲戚朋友都开始躲他，我心里特别不是滋味。”林丹回到办公室，与社区干部商量起来。得知小倪有意做些小生意后，她根据鼓楼区的扶贫政策，帮忙申请了小额贷款，还一起为店面选址。小倪的生活很快有了起色，娶上了媳妇，生了个胖儿子，日子更有奔头了。

这样的故事不胜枚举，军门社区居民间流传着这么一句话：“哪里有困难，哪里就必定有我们‘小巷总理’的身影。”

林丹先后当起 8 名孤寡老人的“女儿”，长年累月照顾他们的生活起居，让老人们体面地走完人生；她不顾家人反对，收留无家可归的刑满释放人员，帮忙找工作，让他重新融入社会；她关注贫困子女就学，用每月不多的工资

军门社区举行“居家养老齐欢庆 国庆中秋乐不停”主题活动

助力他们实现“上学梦”，16 年来，携手共建单位、爱心企业、人士，为社区 126 位贫困大学生提供助学金 256 万元……

“林丹书记还总是想着怎么为社区锦上添花。以前，我们开玩笑说羡慕其他社区有公园、有广场，没想到她一直记在心上。这不，现在我们也盼到了。”居民郑祖平说。

位于织缎巷和八一七北路交叉口的军门广场，是近几年社区的地标建筑。在寸土寸金的东街口繁华地段，腾出这么一块空地不容易。广场的前身是一家商场，价值很高，生意也好，但是存在部分违章。2018 年，鼓楼区政府进行异地征迁，林丹就向上争取将这里建成广场。

广场的一侧是镌刻着“昔日纸褙军门前，今日文明一枝花”的牌坊，另一侧是全国首家福文化书店——福书轩。广场上有长势喜人的绿树花草，添置了休闲石椅，成了老少居民茶余饭后休闲娱乐的好去处。大家白天打太极、晒太阳聊天，晚上跳广场舞、带娃散步，幸福场景时时可见。

“林丹书记把居民当作亲人来对待，把社区当作家庭来经营。居民的琐事、难事、烦心事，她件件当作了自己的大事，却把自己的事情看得太轻了。”军门社区党委副书记谢榕说，林丹常年沙哑的声音就是这么造成的。

因常年与群众打交道，林丹长期用嗓过度，接受过两次声带手术。刚做完喉咙息肉手术，声带严重受损，连吞咽都十分困难，医生建议她至少休养一个月。然而出院后的第三天，林丹就投入社区工作中。“不能说话，我可以写字与群众交流，用行动回应群众。”

“我不认为自己老了，如果服老，还怎么服务居民？”75 岁的林丹依然不愿意放慢走街串巷的步伐，“鲜花掌声也好，红地毯也罢，在居民需要时，永远当好服务员，这才是我的初心和人生价值所在。”

处处以民生服务为先，时时以社区工作为重。林丹始终本着以人民群众的需求为最根本出发点，以一颗赤诚之心书写着一个普通党务工作者在社区的华彩篇章，为基层党组织在居民心中竖立起一面光辉的旗帜。

（文／莫思予　编辑／中国妇女杂志社　陈昊晴）

卓嘎：守好祖国疆域的一草一木

家是玉麦，国是中国。卓嘎、央宗姐妹在父亲桑杰曲巴的带动下，坚持把放牧守边作为神圣职责，用脚步护卫着祖国的领土主权，用忠诚守护着边疆的一草一木，谱写出爱国守边的动人诗篇。2017 年 10 月，习近平总书记给卓嘎、央宗姐妹回信，勉励她们继续传承爱国守边的精神，带动更多牧民群众像格桑花一样扎根在雪域边陲，做神圣国土的守护者、幸福家园的建设者。2018 年 10 月，中宣部授予姐妹俩“时代楷模”称号，2019 年 9 月，卓嘎入选“最美奋斗者”个人名单；2021 年 6 月，中共中央授予她“七一勋章”。

卓嘎：“七一勋章”获得者。被授予“时代楷模”“最美奋斗者”称号。西藏自治区山南市隆子县玉麦乡村民，她和妹妹央宗几十年如一日坚守玉麦山谷，谱写出爱国守边的动人诗篇。获评“感动中国 2017 年度人物”、全国道德模范、全国三八红旗手标兵。

有人在，土地才能守得住

卓嘎的家乡玉麦，面积超过 3600 平方公里，仿佛一颗明珠镶嵌在藏南大地，这里距离祖国心脏很远，距离祖国主权却很近。

大自然的鬼斧神工将雄伟的喜马拉雅创造成极致。海拔 5200 多米的日拉山高耸入云，玉麦河沿着日拉山山脚流淌，划过村落，风景优美，却自然条件恶劣，风雪肆虐，守家不易。玉麦每年 11 月至翌年 5 月为大雪封山期，山外人进不去，山里人出不来。玉麦不产玉，也不产麦子，每一粒粮食都需要从山外运进。每一次，卓嘎的父亲桑杰曲巴都要赶着牦牛，如同探险家一般，花上十几天时间，穿越沼泽遍布、野兽出没的原始森林，翻越 3 座海拔 5000 多米的雪山，才能蚂蚁搬家似的将珍贵的青稞驮回玉麦。

卓嘎、央宗姐妹带着官兵们重走与父亲一起巡边的小路

玉麦乡成立以后，桑杰曲巴便担任乡长，一干就是29年。随着山外的生活越来越好，乡民纷纷内迁。后来，桑杰曲巴的妻子病故于外出寻医的马背上，小女儿也在暴风雪中夭折，这样一来，玉麦乡只剩下桑杰曲巴和卓嘎、央宗父女三人。

条件艰苦、生活艰辛、巡边艰险，一家人却从未动过“向后转”的念头。“只有人在，才能把家看好，这块土地才能守得住。”桑杰曲巴常常教导两个女儿，这句简洁朴实的话语，卓嘎一直牢记在心。

放牧巡边，除必需的生活用品外，父女三人都会带上五星红旗，懂事的卓嘎总会把国旗折得整整齐齐，然后用雨布包裹好，所到之处，配合父亲将国旗悬挂在醒目的地方，以示主权。

追溯历史，第一任乡长桑杰曲巴是忠诚的护旗手。“玉麦升起的第一面五星红旗下，只有我们一家三人。”卓嘎清晰记得，那天，阿爸桑杰曲巴从县城回来，带回了红黄两种颜色的布料。以为阿爸要缝新衣裳的姐妹俩兴奋不已，天黑了也不肯上床睡觉，围聚在阿爸身边，眼神里充满期待。伴着忽明忽暗的油灯，桑杰曲巴把红布裁得方方正正，又从黄布上剪出五角星，一针一线缝在红布上。阿爸告诉卓嘎、央宗姐妹俩：“这是中国最宝贵的东西，是我们的国旗！”

像这样的国旗，桑杰曲巴一共缝制了4面。耳濡目染下，卓嘎、央宗对国旗同样爱得深沉，此后不论走到哪里，他们一家就把国旗带到哪里。家是玉麦，国是中国，“守护好脚下的土地，就是守护好国家”已经深入骨髓。1996年7月，卓嘎光荣加入了中国共产党。1998年，卓嘎从年迈的桑杰曲巴肩上接过乡长的职务。

2001年，桑杰曲巴去世，卓嘎带着妹妹央宗沿着阿爸的足迹，用坚实的步伐继续护卫着祖国的领土主权。经年累月的翻山越岭，使得看似羸弱的卓嘎练就了一副铁脚板。“很多时候，姐姐一走就是一天，像不知疲倦的牦牛。”央宗说。

在卓嘎身上，央宗分明看到了父亲桑杰曲巴的影子。

习近平总书记时刻牵挂着玉麦乡

在卓嘎新家醒目的位置，挂着几代党和国家领导人的挂像，以及习近平总书记的回信。

2017 年 10 月 28 日，玉麦乡连绵多日的雨雪交加突然结束了，迎来了难得的好天气，阳光透过层层云雾洒落下来，温暖的气息弥漫着整个玉麦山谷。让卓嘎更感温暖的是，习近平总书记在百忙之中给她和妹妹回信了。卓嘎、央宗身着节日的盛装，手捧习近平总书记的回信，如获至宝："阿爸，您看见了吗？习近平总书记给我们回信了！"

提及给习近平总书记写信的初衷，卓嘎记忆犹新，"我们经常在电视上看到习近平总书记到边远山区看望慰问群众的画面，那年国庆节期间，我们姐妹俩就萌生了给总书记写信的念头，想向总书记汇报玉麦乡的发展变化和守边的经历体会。"书信先是用藏语撰写，后来找人翻译成汉语。书信跨越千山万水，从"毛细血管末端"玉麦乡飞到祖国的"心脏"——北京。

"没想到习近平总书记这么快就给我们回信了。"总书记的回信，给卓嘎、央宗姐妹的放牧戍边热情又加了一把火。两人把回信装裱起来，时刻警醒自己。"家是玉麦，国是中国"，融进卓嘎身体的每一个细胞。

"2017 年，我又收到很多群众来信，其中有西藏隆子县玉麦乡的乡亲们……"2018 年元旦前夕，习近平总书记在新年贺词中又提到了玉麦乡。"习近平总书记时刻牵挂着我们玉麦乡。"那天，卓嘎和其他乡民一道围坐在电视机旁，现场爆发出雷鸣般的掌声。在卓嘎看来，玉麦距离北京，并不遥远。

解放军来了，守土护家的底气更足

家要守，日子却不平静。50 多年前的一个夏天，一群荷枪实弹的强盗闯进玉麦，威胁着要屠杀牲畜。"我的爷爷曾在这里放牧，我的阿爸曾在这里放牧，我们也在这里放牧，这是我们祖祖辈辈生活的土地！"桑杰曲巴据理力争。于是，他赶着牦牛，花了 4 天时间，翻过日拉山，请来救兵解放军，强盗落荒而逃。

豺狼来了有猎枪，亲人来了有好酒。那一年，西藏军区某边防团一支戍边小分队闻令而动翻山越岭进驻玉麦，组建玉麦哨点，从此扎下根。那天，乡民们身着节日盛装，手捧洁白的哈达，像对待亲人一样迎接“金珠玛米”（藏语，解放军）。

“共产党派来解放军，我们守土护家的底气更足了。”卓嘎笑得合不拢嘴。

乡民们与“金珠玛米”的情缘犹如玉麦河水，连绵不绝。小分队进驻之前，玉麦作为雪山驿站，官兵们巡逻经过，往往在此借住一宿。卓嘎向乡民们提议，腾出空余的屋子给“金珠玛米”住，在她眼中，“金珠玛米”比亲人还亲。宿营玉麦，官兵不留下一片垃圾，却留下大米、罐头等物资。巡逻路险，负重不易，卓嘎和乡民们说：“他们是共产党的‘菩萨兵’。”

玉麦山环玉麦水，玉麦水绕玉麦山。驻扎下来的哨点官兵与玉麦乡民像石榴籽一样紧紧抱在一起。如今的玉麦，人人是卫士、户户是哨所、全乡是堡垒、放牧是巡边、生产是执勤。闲暇之余，乡领导班子和部队干部定期聚集，碰头研判管边形势、讨论巡边计划。有一次，达娃书记率玉麦巡边小分队携带定位测量仪和计步器，经过 5 天的长途跋涉，带回一大批点位信息。官兵大喜过望，及时修正有关数据和完善巡逻计划。

玉麦人有转山祈福的习俗。2016 年 7 月，老人洛桑次仁转山时突发心脏病，生命垂危。巡逻官兵发现后连忙用木棒、背包绳制成简易担架，与时间赛跑 50 多个小时，成功救治老人。如今，有困难就找解放军，成为一种默契。

2021 年 4 月，藏族群众白玛驾驶装载机在山间修路，突遇塌方，连人带车坠入悬崖，危急时刻，驻地官兵闻讯而动，在高山峡谷展开生死救援，成功保住了他的性命。

到玉麦的第一位军嫂是徒步进山的。2017 年年初，时任哨长向荣的妻子秦凤追爱边关，乘坐的越野车被大雪挡在了日拉山外。乡民白玛坚才和巴桑主动要求陪同向荣一路前往。和卓嘎一样，两人常年攀行进山路，哪里是乱石堆，哪里有暗冰，早已烂熟于胸。有了白玛坚才和巴桑两位向导，夫妻俩历经 5 小时破冰碾雪到达营区。

玉麦山谷中，党旗与国旗交相辉映，乡民与官兵抱团取暖，成为一道亮丽的风景！卓嘎看在眼里、喜在心里。

“阿爸，今天的玉麦如您所愿”

“短短几年间，跨越上千年”，是玉麦乡的真实写照。

沐浴发展春风，如今的玉麦乡建成西藏自治区“幸福美丽边境小康示范乡”，曾经的“三人乡”有了56户240口人，这里宛如世外桃源，学校、卫生院、室内运动场……应有尽有。5G通信基站高耸入云，电波跨越万水千山，源源不断给玉麦送来吉祥。轻钢龙骨结构藏式别墅里，沙发、电视机、冰箱、洗衣机等家具家电齐全。玉麦基层供销农牧民专业合作社内，村民们用勤劳的双手赶制着各种竹器和包装礼盒。玉麦人鼓足了钱袋子，走在了西藏乡村振兴的前列。

玉麦新颜

修路，玉麦乡民朝思暮想。2001年，玉麦通往山外的简易公路修好，桑杰曲巴激动地给第一辆开进来的“铁牦牛”敬献哈达。说是公路，不过是在岩壁间凿出的“之”字，远远望去像一条朽带，风吹欲断。

对海拔5200米的日拉山，玉麦人是爱恨交织。看着漫山遍野的牦牛膘肥体壮，咋不叫人喜爱；更有贝母、三七、丹参等名贵中药材，遍地都是宝贝；但高耸入云的雪山，不期而遇的塌方、泥石流，让不少山外人望而却步。

行路难，卓嘎对此深有体会。2017年藏历新年和农历春节刚过，全国各大学校开学在即。乡里的3名大学生——卓嘎的大女儿巴桑卓嘎、乡民次仁措姆的孙女和在兰州上大学的扎西德吉，订好火车票，准备踏上求学征途。可就在她们出发前夕，山间发生雪崩，把通往山口的路给堵死了。好在军民同心，连夜奋战杀出一条“雪路”，3名大学生才得以如期到校。

达娃书记曾建议：打一条隧道，方便玉麦人走出大山。打隧道因工程量巨大而搁浅，但在上级的关心支持下，筑路工人在日拉山间凿出一条新路，平整宽阔的柏油路从日拉山顶蜿蜒而下，“铁牦牛”川流奔驰，通往山外曲松村的时间从原来的4小时缩短到一个半小时。

建设玉麦，军民同心。驻地部队挑选大学生骨干，与玉麦小学学生结成“一对一”助学对子，创设“小红星助学基金”；选派玉麦小学“校外辅导员”，开展“军营开放日”活动，举行国防教育专题讲座；利用发展党员时机，邀请卓嘎、央宗姐妹，开展为新发展党员“戴党员徽章、送党章”活动……

玉麦大雪封山期长，蔬菜供应困难。部队和乡政府共同打造了4个1000平方米的温室大棚，定为“党建促产业发展军地共建示范点”，由部队党员骨干为百姓传授种植技术，并包产到户，4名玉麦乡民应聘上岗担任温室管理员，人均年增收5000余元。

“阿爸，今天的玉麦如您所愿。”闲暇时，卓嘎喜欢坐在玉麦河边的石头上，听河水叮咚，看雾锁群山，回忆过去，憧憬未来。在卓嘎新家的右侧，“桑杰曲巴旧居”6个烫金大字格外醒目，慕名而来的游客络绎不绝，已然成为一座精神高地。

“没有共产党、没有金珠玛米，哪来玉麦今天的幸福生活。”卓嘎、央宗时常告诫自己的子女，“日子好了，更要听党话跟党走，守好玉麦的一草一木。”

只要走得动，还将一直走下去

哈达飞舞，掌声如潮。

2021 年 7 月 9 日，玉麦山谷欢歌笑语、载歌载舞。军民齐聚一堂，欢迎“七一勋章”获得者卓嘎回家，金灿灿的“七一勋章”映照雪山，更加耀眼。建党百年之际，卓嘎获得至高荣誉，这是对桑杰曲巴一家三口几十年如一日放牧戍边的最高褒奖。

细数卓嘎的荣誉，满满一箩筐：2018 年 3 月，卓嘎和妹妹央宗一起当选“感动中国 2017 年度人物”；同年 10 月，中宣部向全社会宣传卓嘎、央宗姐妹的先进事迹，并授予她们“时代楷模”称号。2019 年 9 月，卓嘎获评第七届全国道德模范，入选“最美奋斗者”个人名单。2020 年 10 月，卓嘎获评 2019 年度全国三八红旗手标兵。

“荣誉只代表过去，唯有努力才不辜负。”荣誉加身，卓嘎并不自满，并且戍边的信念更加坚定，“只要走得动，我们还将一直走下去。”

让卓嘎、央宗更为欣喜的是，玉麦戍边新生力量在茁壮成长。大学毕业前，央宗的儿子索朗顿珠曾在四川找到一份滑雪教练的工作，收入可观。没想到阿妈打来电话，语重心长：“你忘记波啦（外公）的话了吗？‘鸟老了，要归巢；人老了，要回家’，我们这代人终究也会老，守卫玉麦这片国土的责任要落在你们这代人肩上了！”咀嚼阿妈的话语，索朗顿珠于是决定回乡，接过波啦留下来的背囊加入巡边队伍中。卓嘎的大女儿巴桑卓嘎 2019 年大学毕业后，也同样回到玉麦，成为乡村振兴专干。

村民扎西西洛是 2019 年 4 月新搬迁而来的玉麦人。很快，他也加入放牧戍边的队伍中，10 余次巡逻出征。特别让扎西西洛自豪的是，他的儿子尼玛扎西和同乡次仁旦巴参军报国，成为玉麦历史上首批应征入伍的青年。披红戴花那天，卓嘎、央宗亲自为两人送上洁白的哈达，千叮万嘱苦练本领、报效祖国。

2020年年初，以“共学党的理论，固信仰信念；共建基层组织，固一线堡垒；共促民生改善，固脱贫成果；共树文明新风，固民族团结；共守神圣国土，固边境安宁”为内容的军地基层党组织“五共五固”活动在玉麦火热展开，新时代的玉麦人主动作为、接续奋斗，描绘出军地甘心扎根奉献、合力共谋发展、同心守土卫国的美丽画卷。

“我们是神圣国土的守护者，我们是幸福家园的建设者，我们用生命守卫这片热土，我们用信仰谱写着时代赞歌……”玉麦山谷中，军民同唱一首歌，歌声响彻云霄。“边关虽远，背后是强大的祖国；高原虽寒，时时能感受党的温暖。”卓嘎认这个理。2020年3月，因为甲状腺功能减退，卓嘎足足瘦了10斤，步履开始变得有些蹒跚，可她仍然坚持放牧戍边、乐此不疲。

党的光辉照边疆，边疆人民心向党。用坚实的脚步护卫着祖国的领土主权，包括卓嘎在内的玉麦军民还将一直走下去……

（文／李国涛　编辑／中国妇女杂志社 王梓蓉）

黄文秀：唱响新时代的青春之歌

从贫困家庭的孩子到成为北京师范大学的硕士毕业生，从初出茅庐的学生到驻村第一书记，她放弃繁华，选择大山；她反哺家乡，奋战一线……30岁，最美芳华，她的人生在此定格。黄文秀用短暂而闪光的生命，践行了誓言：做人要有价值，不能光为自己活，还要为民族活、为国家活。

2019 年 7 月 1 日，习近平总书记对黄文秀同志先进事迹作出重要指示指出，黄文秀在脱贫攻坚第一线倾情投入、奉献自我，用美好青春诠释了共产党人的初心使命，谱写了新时代的青春之歌。2021 年 6 月 29 日，黄文秀被追授“七一勋章”。

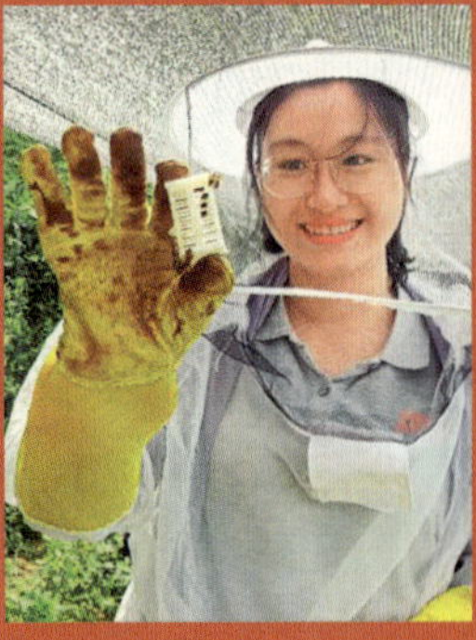

黄文秀：“七一勋章”获得者。被授予“时代楷模”“最美奋斗者”称号。生前系广西壮族自治区百色市委宣传部副科长、派驻乐业县新化镇百坭村第一书记。追授全国五一劳动奖章、全国道德模范、“感动中国 2019 年度人物”、全国优秀共产党员、全国三八红旗手、全国脱贫攻坚楷模等。2019 年 6 月 17 日因公殉职，年仅 30 岁。

立志，“我人生从此截然不同”

“两条小路在树林中分岔，而我，选择了——一条人迹稀少的小路，人生从此变得截然不同。”黄文秀很清楚自己的选择意味着什么。

“书记，听大家说你是从北京回来的研究生，怎么想要到这么边远的农村工作？我真的好奇你的选择。”

“百色是我家乡，是一个集革命老区、少数民族地区、边境地区、大石山区、贫困地区、水库移民区‘六位一体’的特殊地区，是全国脱贫攻坚的主战场之一，党有号召，这里有需要，我怎么有理由不回来呢……”

百坭村村民黄仕京至今还记得他初见第一书记黄文秀时，与她的对话。

黄仕京一家五口，父亲 84 岁，大儿子是广西民族大学大二学生，小儿子前一年考取广西医科大学，一家人生活依靠种植八角和农闲时黄仕京的外出务工收入，属于“因学致贫”。

黄文秀了解到这一情况后，及时为他家申请了雨露计划，一次性获得 5000 元补助，解了全家燃眉之急。那一次，黄文秀到全村最远的长沙屯走访，黄仕京坚持要留她一起吃晚饭。席间这一问一答，平实却真诚。黄文秀在工作日记中记下了当时的感受，黄仕京“听了我的话后，当场端起酒碗向我敬酒，表示也要让孩子在学校申请入党，以后让他回家乡。我心里非常感动，自己的工作能够让群众真切感受到共产党的好，对我来说是非常大的鼓舞”。

2008 年，黄文秀考入山西长治学院思想政治教育专业，老师程过富也曾问过她类似问题：“你的成绩不错，为什么来长治？”黄文秀答道：“我们百色是革命老区，长治也是革命老区，我想到这里来出力。”

“八分六厘土石山，三厘水面一分一厘田。”1989 年春，黄文秀出生在百色市田阳县一个贫困家庭，父母长年多病，兄妹三人早早饱尝生活之苦。吃着食堂最便宜的饭菜，坐在田阳高中又小又挤的教室里，大家畅谈未来时，黄文秀说：“我接受了教育扶贫政策资助，要考个好大学，毕业后回来建设家乡。”

2013 年，黄文秀考入北京师范大学哲学学院思想政治教育专业。硕士期间，她积极参加各种社会实践。她在日记中写道：“我愈发感觉到自己肩上有

2018 年暑假，北京师范大学哲学学院师生进村开展暑期实践活动，第三排左一为黄文秀

一种责任，那就是学成后建设家乡、报效祖国。”

毕业前夕，黄文秀回到广西深度贫困地区调研，撰写了硕士学位论文《广西壮族优秀传统文化中德育资源的开发》，并决定报考广西定向选调生。“她英语很好，以她的能力，留京或出国都不是问题。”黄文秀的研究生导师郝海燕说，“但这孩子，似乎就是为家乡而生的。”

家乡的同学们还记得黄文秀曾多次说过的话：很多人从农村走出去就不想再回来了，但家乡建设总是要有人回来，我就是要回来的人。

攻坚，担当脱贫一线“超强战队”

2016 年，黄文秀返乡后的第一站，是百色市委宣传部理论科。“理论来源于实践，更要应用于实践，我希望到一线去历练自己。”黄文秀主动申请到田阳县那满镇挂职党委副书记，半年期满后又去了更基层的百色市乐业县新化镇百坭村，担任驻村第一书记。

石山林立，山路蜿蜒，村部一间不足10平方米的小屋子，就是黄文秀的宿舍，书桌上一本讲述长征故事的书《西行漫记》格外醒目。她白天走村串户开展“遍访”，分析致贫原因；晚上与村“两委”研究脱贫对策，制定工作方案；即使周末，也常不回家。她给村里的扶贫工作群取了一个响当当的名字——“百坭村乡村振兴地表超强战队”。

初到百坭村，面对分散在几个不同山头的195户建档立卡贫困户，黄文秀这个不熟悉地形的“新手”，要在最短时间内掌握全村贫困户的详细情况，并非易事。但黄文秀没有失去信心，她想：长征的战士死都不怕，这点困难怎么能限制我继续前行！

当黄文秀第一次将车子小心翼翼地开到村里，村民都对这个如此年轻的女书记表示怀疑。“之前来了不少书记，没多久就回城里升官了，也没让我们村富起来，你一个女娃娃能行？你也是来走过场的吧？”“你能帮我们解决什么？别在这儿耽误工夫了，赶紧回城里享福去吧。”

听到村民们的议论，黄文秀心里憋屈，一宿没睡着。“要想让老百姓愿意接近我，就得让他们觉得我和他们是一样的。”

从那以后，黄文秀到贫困户家不再拿着个本子问东问西，而是脱下外套帮他们干活；贫困户给她吃“闭门羹”，她就多去两次、三次；贫困户不在家，她就直奔田里，边帮他们摘橘子、收玉米、种油茶，边商量脱贫计策；她不说普通话了，学着说方言；甚至从不喝酒的她还带上酒，和老乡们一起叙家常……

贫困户黄邦旋想申请低保，因不符合低保条件，未能如愿，怎么也不给黄文秀开门。黄文秀便打起了“亲情牌”：“我也姓黄，我叫你哥吧。国家扶贫政策多得很，何必就盯着低保？靠低保只能解决基本生活问题，要脱贫还得加油干，不等不靠自己干出来才光荣。哥这么聪明、勤快，一定能奔小康！”后来，黄文秀帮他争取到7000元产业奖补资金种水果，老黄一家顺利脱贫，两个人一直以兄妹相称。

贫困户韦乃情清楚地记得，黄文秀往他家里一共跑了12次，细心了解实际困难，分析原因，商量对策，帮他申请扶贫贴息贷款种植了20亩油茶树，

2018 年实现脱贫。“她一心一意帮我，像我女儿一样！”

就这样挨家挨户走，村民渐渐接受了黄文秀，她也绘制出村里“贫困户分布图”。经过两个月摸底，她基本掌握了全村概况：“因学致贫和因残、因病致贫占比最高。”

在黄文秀的自述《扶贫，从“新手”到“熟路”》中，她写道，3 月 26 日，在我驻村满一年的那天，我的汽车仪表盘里程数正好增加了 25000 公里，我简单地发了一个朋友圈：“我心中的长征，驻村一周年愉快。”

实干，真心实意做百姓亲人

黄文秀的两本驻村日记中，还原着她一心为民的点点滴滴：“今天周六，一共入户八家贫困户，是道路尚未硬化的几个屯之一，生活确实比较困难；村产业园的牌子一直在努力争取中，五个致富带头人也在培养中，每天都很辛苦，但心里很快乐；我发现我的方言进步了，可以和贫困户完整用桂柳话交流了……”

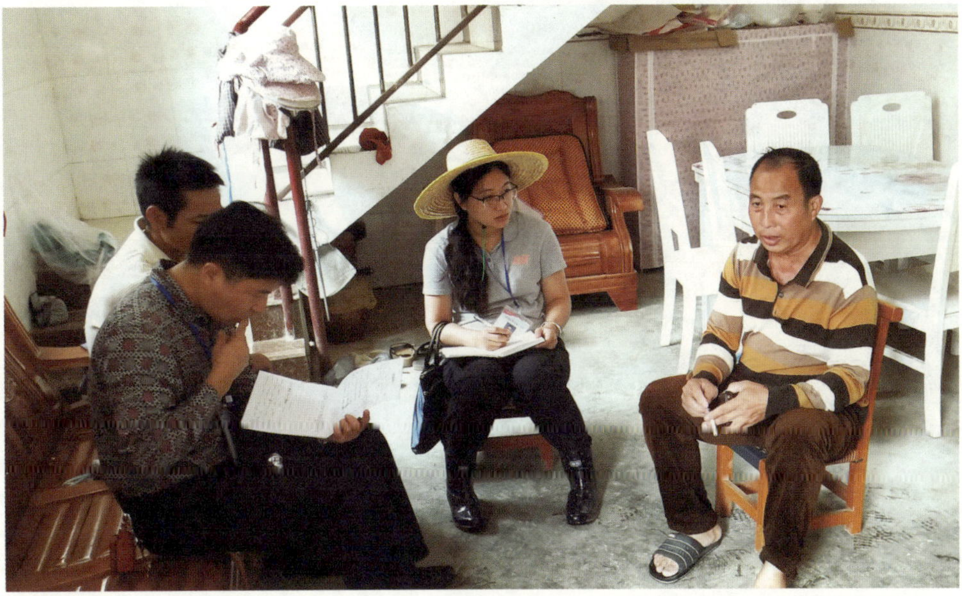

黄文秀真心实意做百姓贴心人

黄文秀从抓实抓严村干部坐班值班制度开始，大幅提升群众满意度。原乐业县至凤山县二级路征地拆迁工作进展缓慢，在她的积极走访动员下，项目顺利推进，仅两个月就完成了57户征地拆迁工作。

“送钱送物，不如建个好支部。”除了遍访全村贫困户，黄文秀还走访了村内党员、退休村干、退休教师以及各村屯的小组组长。

“他们反映最为集中的一个问题就是山上5个屯的通屯道路硬化问题。”这不仅影响了附近群众的交通出行，而且全村的产业都集中在这5个屯，显然，基础设施的完善对百坭村的发展至关重要。

11月是乐业砂糖橘的上市时间，果农最头疼的是滞销。怎么打开销路？黄文秀学习电商知识，建立了百坭村电商服务站。

在黄文秀的努力下，2018年全村共脱贫88户418人，贫困发生率从

黄文秀整天奔走于山村

22.88%降至2.71%。她坚持扶贫先扶志，注重乡风文明建设，成立“乡村振兴、青年作为”小志愿者服务队，开展村规民约吟诵比赛和文明家庭评选活动。百坭村还获评百色市2018年度“乡风文明”红旗村。

黄文秀在工作报告中写道：“截至目前，全村还有15户56人未脱贫，百坭村的基本公共服务还有待建设完善，如何推进产业发展还需继续谋划，我充满信心。”

追忆，风雨兼程心中只有百姓

每年雨季，百色时常遭受洪涝、塌方、山体滑坡等侵袭。2019年6月14日，黄文秀穿着印有“第一书记黄文秀”的红色马褂，双手撑在黄土上，爬到河沟边查看暴雨冲毁的水利设施，当晚就组织村干部制定了抢修方案，为了不影响群众生产，争分夺秒。

谁能想到，这是黄文秀在村里留下的最后一个背影。

6月16日，黄文秀难得抽身回到老家田阳县城，看望身患肝癌、刚刚做完第二次手术的父亲。不料天气骤变，大雨突袭。下午两点多，黄文秀还没吃午饭，就要匆匆出门。病床上的父亲非常担心：“天气预报说晚上有暴雨，现在开车回村不安全，明早再回吧？”

“就是因为要下暴雨，村里可能会受灾，必须马上回去”，父亲的挽留没能挡住黄文秀的坚持，她心里着急，又惦记着一定要赶上第二天的扶贫工作会议。临走前，她叮嘱父亲“记得吃药”。怎能想到，这竟成了黄文秀留给父亲的最后一句话。

连夜回村的路上，黄文秀一边开车，一边给村支书周昌战发消息，询问村里雨势和灾情，提醒要关注几个重点村屯，要立即组织群众防灾救灾。紧急时刻，她还像一线记者那样，拍摄暴雨视频提供给《广西日报》。

6月17日00：12，黄文秀在家族群里发了一段11秒的小视频。黑漆漆的一片，只有车灯发出微弱的光，密集的雨点、频频摆动的雨刷和从山上倾泻下来、淹满整条公路的洪水……

4分钟后，黄文秀对家人说：“我遇到山洪了，两头都走不了，雨越来越大，请为我祷告吧。”这竟成了她留在世上的最后一段话。

凌晨1点以后，黄文秀失联。

凌云县公安局交警大队副队长席道怀，是最后见到黄文秀的人。他和同事在积水路段碰到进退两难的黄文秀。他接过她的方向盘，让黄文秀坐上了同事的汽车。但等他开到安全地带，同事的车却没跟上来……

6月18日中午，搜救人员在下游河道发现黄文秀遗体，确认她因公殉职。

噩耗传来，百坭村党支部书记周昌战几度哽咽：那么危险的情况下，黄文秀还是一心想着村里的灾情……她心里只有百姓。他记得，每次有热心人给她介绍对象，她都说，等百坭村的父老乡亲都脱贫了，我一定轰轰烈烈爱一回，让乡亲们做证婚人。现在全部脱贫胜利在望，庆功酒都买好了，她却走了。

村民黄美线哭着说：“文秀什么事都帮我，贷款买榨油机，做小型农产品加工……我脱贫了，她却不在了。多好的姑娘，多好的书记！”

53岁的汉子韦乃情红了眼眶：“前几天，黄书记还来我家，取走我孙子的住院报销单据，现在钱到账了，她却再也回不来了。”

黄文秀的父亲黄忠杰强忍悲伤地说，父亲节“她坚持回到爸爸的身旁，让爸爸满意，她做到了”。面对前来慰问的干部，2016年才脱贫的黄忠杰再三谢绝了慰问金：“我们不能给党和国家添麻烦。这些钱，村里的扶贫用得上。”面对孝顺的女儿，他为女儿帮他圆了第一个心愿而倍感自豪——老人一直想看看天安门，黄文秀在北师大读研时，曾边读书边兼职，省吃俭用把父亲接到北京玩了十几天。

黄文秀的姐姐黄爱娟含泪说，“妹妹的名字是我起的，妹妹，请你放心，父亲想去韶山瞻仰毛主席故居这第二个心愿，姐一定替你完成！你最希望在家旁开一个幼儿园，姐会为你完成！”

黄文秀的母亲，患先天性心脏病，常年吃药，她泪眼望着手腕上的银手镯，这是2019年三八节文秀送给她的礼物，手镯内侧刻着四个字“女儿爱你”。

蒋丹丹是黄文秀的好闺密，两人曾约好一起买房做邻居。“文秀喜欢长发披肩、长裙飘飘，我曾陪她买过一条鱼尾裙，但选择驻村，意味着远离这些喜好。她只能穿运动装、穿雨靴，戴草帽。”整理她的遗物时，蒋丹丹发现那条鱼尾裙还没摘过吊牌，整天奔走于山村的她，从没机会穿上这条新裙子。

“芳华虽短，但灿烂地绽放过，馨香永存！”朋友李黎看着黄文秀的画作，忍不住泪流满面——黄文秀留下的两幅画，一幅是父亲背着小女儿的素描，画面温馨动人；另一幅水彩画上，金黄的向日葵正迎着阳光绽放。

黄文秀正值芳华的生命戛然而止，在她的身后，是千千万万个像她一样回乡建设的青年女性，她们奉献着最美的青春年华，誓要把贫穷的乡村变成富饶美丽的新家园。她更是战斗在脱贫攻坚第一线的 20 万基层第一书记、70 万驻村干部的杰出代表，是体现不忘初心、勇担使命、一心为民的共产党员优秀品格的时代楷模。

（文／中国妇女杂志社　张姿）

黄宝妹：为“全国人民有衣穿”

2021年6月29日，黄宝妹被中共中央授予“七一勋章”，在接受记者采访时，她激动地说：“总书记说我是国家发展的‘见证者、参与者、奉献者’，我一辈子都不会忘。我要继续努力，发动大家一起，努力为社会多作一点贡献，这是一个老党员的责任。”

裕丰纱厂里的童工

1958年夏，上海市国棉十七厂四车间内，一片闷热。

一排一排机器前，纺织工人们似乎早已习惯这湿热，对吵闹的机器转动声也安之若素。她们按照自己的节奏，来回走动，照顾纱锭，只是偶然看一

黄宝妹："七一勋章"获得者。曾是上海市国棉十七厂的纺织工人。党的八大代表，新中国纺织工人的优秀代表，20世纪50年代被评为全国劳模和上海市劳模，多次受到毛泽东、周恩来等老一辈党和国家领导人接见。1958年，著名导演谢晋将其事迹拍摄成电影。

眼车间最边上——二排车走道里，灯光大亮，底下满满坐着一圈来自天马电影厂摄制组的工作人员，站在工作人员中间的，正是著名导演谢晋。他和同事们在进行影片《黄宝妹》的拍摄。

黄宝妹是谁？

站在摄像机镜头前，时年 27 岁的纺织女工黄宝妹，用灵活的双手给出了答案。

全厂细纱车间的挡车女工中，黄宝妹纺 23 支纱，皮辊花（白花，是指粗纱进行细纺时，由于纱线断头而卷绕在皮辊或绒辊上的棉纤维）只有 0.307% 磅，达到全国先进水平。1953 年，全国总工会第一次评选全国劳动模范，当年 22 岁的黄宝妹，从全上海 30 多万名纺纱工人里脱颖而出，被逐级上报，成为新中国第一代劳模。

平时一人可以照看 1000 个纱锭也不喊累的黄宝妹，第一次面对镜头，紧张到腿脚都软。灯光下，一个镜头拍八九遍，人浑身不自在，心里直担心浪费线头、浪费胶片。谢晋导演安慰她：“不要管别人，专心拍摄。你能演好。”

如今，曾经响彻车间的机器轰鸣声消失了，车间里纷飞的棉絮也消失了。在车间里忙碌走动的导演不在了。只有这部影片定格了当年纺织工人们的芳华岁月和工作场景。还有黄宝妹，她还在，她至今还会时不时回到这里——只是昔日的国棉十七厂早已全厂搬迁到江苏大丰，原址现为上海国际时尚中心。

著名的锯齿形厂房下，如今各种时尚品牌陈列，店铺播放着流行乐声，入夜霓虹闪烁。到了夏夜，提着购物袋的观光者和周边的居民会扶老携幼到时尚中心临江的平台上吹风乘凉。厂房的前身，此刻对游客来说，不过是一个平添情调的传说。

但黄宝妹又怎么会忘记呢，她在这里度过了近乎半个世纪。在那一年春节过后的一个凌晨，在鸡鸣头遍后，她即起床出门，从浦东家里走到庆宁寺轮渡码头，坐着人力划的小舢板横渡黄浦江，到浦西杨浦区定海桥。几乎在摸黑中，她上岸进厂。那时她刚满 13 周岁，那是她第一次见到国棉十七厂的时刻。

国棉十七厂的前身，其实另有一个名字。

地方志资料显示，这里是日本大阪东洋纺织株式会社建立的上海工厂。

1914年，日商选择杨树浦路2866号为建厂基地，1922年动工，1935年工厂竣工。1936年，改称裕丰纺织株式会社。工厂车间的采光、通风、温湿度由人工控制，是1949年前中国少数几个空调车间之一。1936年，隔着黄浦江对岸，浦东的高庙镇上，黄宝妹刚满5岁。母亲是山东人，被拐骗至上海嫁给一个病人，15岁守寡。再婚时，嫁给一个卖豆腐的穷汉，这就是黄宝妹的父亲。妈妈生完大弟弟才3天就去给人当奶娘，就为了多赚一点钱。别人家的孩子吃上了妈妈的奶，大弟弟却没了母乳，一直哭，哭坏了眼睛，最后病死了。母亲前后生了9个孩子，因为家贫，最后只存活了3个。

黄宝妹成了老大。才刚懂事，她就跟着母亲干活、做家务，照顾弟弟妹妹。1944年春节，听闻江对面工厂招工，为了补贴家用，她就报考进入当时还被日本人管理的裕丰纱厂。黄宝妹被分到细纱车间。白班从早晨6点到晚上6点，夜班从晚上6点到次日早晨6点。

黄宝妹清楚地记得，第一次上工是一个冬天。“凌晨4点，寒风那个呼呼吹啊，抬头看天上还有星星。”由于当时横渡黄浦江的庆定线的官渡被日军破坏而停航，黄宝妹走到浦东庆宁寺摆渡口后，只能坐民间私渡，也就是小舢板摆渡去杨浦。最开始上工的那几年里，她几乎没见过太阳，真的是披星戴月，上下班还要被抄身，心里恨得很，但也没办法。

黄宝妹的岗位，一开始是在细纱车间学接线头，后来做挡车女工。车间里一台台机器非常高，中间有走道。走道两侧的机器各有200个纱锭，总共400个纱锭，每一个都在飞速旋转。细纱车间女工的工作就是看到哪里有断头，就马上接上。

黄宝妹第一次走进车间，光是跟在师傅后头来回照看两侧，就已经紧张得满头是汗。女工们手指的皮都被纱磨破，有的还勒出了血。新来的童工，处于纺织工的最底层。拿摩温（工头）手持铜管站在工人背后来回巡视，如果见人讲话、做得不好、接头连不上，直接上手就是一阵殴打。有一次，黄宝妹被敲得太疼了，双脚直跳，却一声也不敢出。拿摩温把老锈的机器派给黄宝妹用，但黄宝妹咬着牙去做。心里不断想着，为了从此能有工资交给妈妈，为了从此弟弟妹妹能吃上饱饭。

每天从早站到晚，中午机器也不停，女工轮流去吃饭，如果动作慢，吃到一半就得回去干活，等回来时饭盒就都落了一层白棉絮。每次回到家，父母都心疼宝妹，让她多休息。黄宝妹总是说：“不怕，我能吃苦的，我吃苦吃惯了。”

就是凭借这股子劲，黄宝妹在纱厂存活下来。

细纱车间棉絮飞扬，她做完自己的活后还主动帮着打扫。师傅们见她聪明机灵，便把窍门倾囊相授。别人挡270锭车，她能挡400锭车。皮辊花也比别人少。1945年抗战胜利，裕丰由国民政府接收，改为中国纺织建设公司上海第十七纺织厂。黄宝妹高高兴兴地把父母从浦东接到浦西，在定海街道里一处贫民区，自建简陋的房屋，安顿了下来。

但庆祝太平的日子没过多久，时局再次动荡，工人们依旧过着苦日子。黄宝妹上下班时还遇到流氓尾随。为了保护女儿，母亲看准了住在一条弄堂里的小伙子。虽是一样一穷二白，但小伙子品貌端正。1948年，17岁的黄宝妹结了婚。也是那个时候，挣扎在生存线上的工人们隐隐感觉到，旧社会要结束了。

在互相扶持中，一家人迎来1949年上海解放。

新中国第一代劳模

1949年5月27日，上海解放了。黄宝妹那天正常上班，听到黄浦江畔响起了“解放区的天是明朗的天，解放区的人民好喜欢”的歌声，她和工友姐妹们手拿小红旗，跑到马路上迎接解放军。当解放军来到工厂后，工人们都拍手欢呼。

几天后，军代表来厂里宣传共产党的政策，宣布废除拿摩温和抄身制。工人们自己推选班长，大家翻身成了工厂的主人。工人都把满腔热情投入积极劳动中去。因为再也不是为日本人干活，也不是为资本家干活了，“我们是在为自己织布”！

1950年7月1日，这里更名为国营上海第十七棉纺织厂。同年，19岁的黄宝妹生下一个孩子。她心里很高兴，因为这是一个在新社会诞生的男孩。

她想着，要对新时代报恩，便把一身劲头都扑在了工作上。

在电影《黄宝妹》中，所有的工人都是真实的“十七棉”女工，唯有在片中扮演“编剧”一角的张庆芬是职业演员，她后来记录下这么一个细节：

有一次，正在拍摄黄宝妹帮助小组女工们消灭纺纱白点的一场戏。根据剧本的要求，在场的女工们都要表现出十分着急的神情。导演也要求黄宝妹作出非常着急的表情来。黄宝妹对导演说，这不妥当，因为在生产中遇到这种情境时，尽管内心很着急，但绝不能露在脸上；相反是要控制自己，并且要尽量安慰、鼓励对方。

影片中还有这样一段话：“神话里最会纺纱织布的是七仙女，但仙女是不存在的，真正的仙女是我们的纺织女工。”据说，因为在谢导的电影拍摄过程中表现出色，当时有人提议，让外形条件出色的黄宝妹去艺术院校进修，从而走上专业演员的道路，但她没答应。她对自己的定位很清楚：就是普通女工，纺织业才是大有作为的本行当。平平淡淡才是真。

黄宝妹也是爱美的。在前往苏联莫斯科参加活动后，她也做了布拉吉(俄式连衣裙)，还烫了头发，1959 年在去奥地利维也纳参加世界青年联欢节时，她又穿了旗袍，一下子为上海的工人女性带来了新时尚。她觉得，在新中国，工人不再都是苦哈哈的形象。劳动是美的，创造是美的。到捷克开会的时候，黄宝妹代表中国发言。发言后，许多外国人说，中国工人真漂亮。

人们后来流传着关于黄宝妹的传奇：她是织布好手，不看表就能知道时间，不用秤就能知道皮辊花的重量。但是——棉纤维这么轻的东西，怎么能知道重量?

黄宝妹说：“熟能生巧嘛。以前我们每天下班前，都要将棉纱断头产生的皮辊花收拢，放在围裙口袋里，再一起拿去称重，用来分析哪一道步骤有问题。我每次交出去之前，都在手里称一称。平常，把一堆堆称好重量的皮辊花带在身边，上下班路上掂，晚上在家也掂，这样就有手感了。”

母亲和丈夫主动包揽了所有家务和小孩的事，都特别支持黄宝妹去工作。他们对黄宝妹说：时代不同了，女性也要追求进步，我们都支持。当时，黄宝妹一人可以照看 800 个纱锭，创下全厂纪录。1952 年，这个苦尽甘来的小女工光荣地加入了中国共产党。

技术能手黄宝妹，巡回在纱锭前，已有大将的沉着。但她还是会有激动到落泪的时刻。因为评上劳模，她频频有机会参与北京和上海的大会。

第一次赴京参加劳模群英会，他们坐了七天七夜的火车。那是黄宝妹第一次离开上海，路上从车窗往外看，看到许多农民在田地里光着膀子干活，没衣服穿，皮肤晒得通红，孩子们也没什么整齐衣服，都穿得破破烂烂的。黄宝妹当时心里就想：好好劳动，好好工作，不单是报恩感恩，“纺织工人还有责任让全国人民穿上新衣”。

几年后，黄宝妹在参加大会和活动时见到了毛主席，当时所有人都拼命鼓掌，激动得眼泪直流，嘴里喊着“毛主席”。当毛主席走到黄宝妹面前时，亲切地对她说：“纺织工人很光荣，让全国人民有衣穿，责任很重大。”

黄宝妹牢记毛主席的嘱托，也为了践行自己的承诺，没有离开纺织一线。26 岁那年，组织上提拔黄宝妹当干部。没几天，她就找到上级部门要求回车间，在一线岗位工作直到 1986 年 55 岁退休前夕。其间，她曾先后 7 次被评为上海市、纺织工业部和全国劳模；3 次出席国际会议；8 次受到毛泽东、周恩来等老一辈党和国家领导人的接见。从 1954 年到 1957 年，《人民日报》47 次报道黄宝妹的事迹。以黄宝妹为代表，老一代“十七棉”人凭借自己的智慧和努力，始创了以“龙头”为商标的“龙头细布”，驰名中外。抗美援朝期间，全厂为志愿军捐献布匹价值 35.2 万元，折合战斗机 2.35 架，为上海国有企业捐献之最。

见证新时代

国棉十七厂是黄宝妹，也是那一代纺织工人心中引以为豪的家——2019 年 11 月 2 日下午，黄宝妹和当时刚上高中的曾孙女黄梦菡在国棉十七厂所邻的杨浦滨江见到了习近平总书记。也正是在那一次见面中，黄宝妹向习近平总书记介绍说，自己是土生土长的上海人，见证了上海从旧中国到新中国，再到新时代的巨大变化，为中国共产党和中国特色社会主义感到无比自豪。习近平总书记鼓励黄宝妹多向年轻人讲一讲，坚定他们对中国特色社会主义的道路自信、理论自信、制度自信、文化自信。

2021年，黄宝妹在北京获得“七一勋章”，在电视机前收看的黄梦菡热泪盈眶。后来记者采访她，她说了一段话：“‘为有牺牲多壮志，敢教日月换新天’，总书记的话深深烙印在我的脑海里。我想，正因为老一辈党员同志筚路蓝缕、吃苦耐劳，才有今天的美好生活。我们一定会更加努力，守护前辈的奋斗成果，创造属于我们的未来。请党放心。”

黄宝妹总是慈祥地教导曾孙女说：你们这一代过的生活比起我小时候，那真的是好太多太多了。但这不是天上掉下来的，是几代人不断奋斗努力创造的。我们经历了历史，要告诉青年，我们是怎么一路走过来的。我们手里的这一棒，要交给青年，你们是祖国的未来。

现在，黄梦菡成了华东政法大学法律专业的一名学生。退休后的黄宝妹也没闲着，她为江苏启东、新疆等地开办纺织厂出谋划策，还开过公司，时时活跃在媒体上。

黄宝妹告诉记者，时代不同了，许多岗位也发生了变化，但劳模精神永远是社会的共同财富。“工作可以退休，但党员身份可没有退休。”在她居住的上海杨浦区大桥街道，很多人都叫她“黄妈妈”。她加入了上海市“百老德育讲师团”、杨浦区“金色夕阳”老干部正能量工作室，经常去给年轻人讲课，给大家讲党和国家走过的峥嵘岁月、老一辈共产党人的奋斗故事。她还在B站的“老杨树宣讲汇”直播间当主播，很受欢迎。

面对黄浦江吹来的风，黄宝妹依旧像那个才13岁就敢过江来应聘的小女孩一样，相信新事物，相信明天会更好。

（文／沈轶伦　编辑／中国妇女杂志社 张姿）

瞿独伊：绵延红色血脉，替您看这光明

2021 年，走过百年风云的中国共产党风华正茂，而与党同龄的瞿独伊却已迟暮。当她成为 9500 多万中国共产党党员的楷模，戴上无比荣耀的“七一勋章”时，这位百岁老人已经不能再像从前一样，流畅自如地表达自己的感受。但当身边的人再度唱起父亲瞿秋白翻译的《国际歌》时，她的眼眸亮了起来。“英特纳雄耐尔”仿佛刻在她的基因里，给她无穷的力量，也伴随她走过无数个“至暗时刻”，每每听到，就好像再度回到童年，回到了守在父母身边的日子……

瞿独伊：“七一勋章”获得者。新华通讯社原国际新闻编辑部干部。瞿秋白继女。作为我国第一批驻外记者赴莫斯科建立新华社记者站。2021 年 11 月 26 日逝世，享年 100 岁。

没有血缘却绵延了红色血脉

瞿独伊并不是瞿秋白的亲生女儿。幼年时，母亲杨之华与前夫离婚，“独伊”这个名字，就是那时才改的，象征着母亲选择独立追求理想的决心。4 岁时，母亲将她接到身边，和继父瞿秋白一起生活。从此，小独伊多了一位“好爸爸”。

1928 年，瞿秋白、杨之华带着不到 7 岁的瞿独伊赴莫斯科参加中共六大，小姑娘领到一个“特殊任务”，随母亲冒险掩护代表们通过边境。遭遇盘查，妈妈总会让她称呼那些代表叔叔为“爸爸”。这也许算得上是她第一次为党工作，虽然还很懵懂，但心里已经种下了一颗种子，她知道，共产党就是为人民做好事的人。

与瞿秋白一起生活的那十年，是瞿独伊心中最幸福的时光。初到上海的日子，瞿秋白手把手教女儿写字、画画、折纸，甚至和茅盾组成了幼儿园门前的“接娃二人组”，轮流接送瞿独伊和茅盾的女儿沈霞。瞿秋白一直亲切地称呼女儿“亲独伊”，冠盖京华的才子，转身成为慈爱的父亲。

2011 年 6 月 22 日，瞿独伊（红衣）参加电影《秋之白华》首映发布会

在瞿独伊的记忆中，深藏着和父母一起住在莫斯科，滑雪、划船、唱歌、郊游的欢乐时光。瞿秋白用温柔细腻的关爱，为她撑起了一方天空。每次给杨之华写信，他总不会忘记留出一个段落专门写给“我的好独伊”。后来，由于父母工作繁忙，9 岁的瞿独伊不得不独自留在莫斯科国际儿童院，但她还是时常收到瞿秋白寄来的信件，有时是几句小诗，有时画一只小兔。她的俄语越发流利，“好爸爸”会欢欣鼓舞。她因为在儿童院要剃光头心情低落，“好爸爸”则会在信里以“小和尚”的称呼诙谐安抚。而在他精心挑选的明信片上，有时是一艘飞艇，这是勉励女儿好好学习为祖国贡献力量；有时是一束勿忘我，这是毫不掩饰的爱和思念……

14 岁那年，瞿独伊和同学一起去乌克兰参观。一天，她发现几个伙伴围在一起窃窃私语，一张报纸传来传去，唯独避着自己。她心里起疑，一把抢过来，却看到了父亲的照片——4 英寸大小的半身照，依然是那张熟悉的脸，旁边的文字却赫然写着瞿秋白已在闽西汀州英勇就义。瞿独伊当场哭晕了过去。

突然的变故令瞿独伊一夜长大。从那时起，温和的慈父有了另一面的形象——瘦削的他从容迎向刽子手的枪口，留下“此地甚好”的遗言，躯体倒下，灵魂却成了一座高山。尽管对深爱的妻子、女儿仍有无尽留恋，但对于真正的革命者来说，死亡从来就不是最可怕的事。

无须“预备期”的忠诚战士

1946 年，25 岁的瞿独伊在延安庄严宣誓，正式加入中国共产党，没有党员预备期。这并不是因为她是烈士的后代，而是因为年纪轻轻的她，经受住了战火的淬炼和牢狱的考验，在一个个生死关头、一次次面对威逼利诱时，她早已用坚定的抉择，践行了“终身为共产主义奋斗”这一誓言。

从六七岁的天真烂漫，到 20 岁的青春芳华，瞿独伊都是在苏联度过的。1941 年 6 月，苏德战争爆发，德军轰炸机常常掠过头顶，瞿独伊和一群小伙伴站在房顶上，每当引燃的延时炸弹落下，他们就迅速冲上去，用铁夹子把炮弹夹起来扔到楼下，防止它炸毁建筑物。对这群年轻人来说，“将生死置之度外”并非空洞的口号，而是父辈的坚守、执着和言传身教。

在莫斯科夹了3个月炮弹，瞿独伊跟随母亲回国参加抗日工作，却在借道新疆途中，被执行“反苏”政策的盛世才逮捕入狱，和母亲还有陈潭秋、毛泽民、林基路等150名共产党员及家属一起遭受拘禁、迫害。在那暗无天日的4年里，他们住的是潮湿阴郁的破庙，吃的是毫无油水的清水白菜，馒头里故意掺着沙子，前一天还在一起的狱友，后一天可能就惨遭杀害……

年轻的瞿独伊成了敌人“策反”的重要目标：“你还年轻，只要答应我们的条件，出狱后会很快给你找一份工作。”可他们万万没想到，眼前这个看起来柔柔弱弱的漂亮姑娘，面对“单独出狱”的利诱，坚定不移：“我决不单独出狱，决不会为你们工作，我们无罪！你们必须把我们全体无罪释放，并把我们送回延安！”面对敌人口中“生死两条路”的威胁，她毫不退缩：“共产党是为国家民族利益而奋斗的，我就是为民族独立、民权自由、民生幸福而奋斗，死了也是光荣的！”

唯有正气可抵外邪，接过父亲的衣钵，瞿独伊在大风大浪中成长，她和狱友一起静坐，悼念遇难的战友，作为大姐姐照顾“小狱友”，带领大家做广播体操锻炼身体，保存体力长期斗争。她还成为大家的“老师”，教俄语、教音乐，苦中作乐、相互支撑着走过了4年铁窗生涯。1946年，经党组织全力营救，瞿独伊和被捕的在疆共产党员、家属集体获救，盛世才军阀政府的监狱审讯档案里，记录着她承受的苦难，更记录着她的成长，此刻，成为她作为一名坚定的共产主义战士最好的佐证。

70年后，昔日的“小难友”团聚一堂，他们有些幼年即跟随父母入狱，有些甚至就出生在监牢中，“苦苦”“狱玉”“新狱”……这些特殊的名字铭刻着他们特殊的经历，伴随了他们一生，当初的“小难友”已都是年近百岁的老人。回忆总是痛苦的，每次提及都像重新撕开伤疤。但幸运的是，父母深远而温暖的爱，从他们启程之初便如影随形，为他们遮风挡雨，更给予他们闯过泥泞的力量。

向世界宣告我们的胜利

如果让 100 岁的瞿独伊选择一个对于她来说最重要的时间节点，1949 年 10 月 1 日的开国大典，一定是漫漫百年中最重要的“高光时刻”，而这一刻的荣光，不止是因为她作为第一个向世界播报新中国成立喜讯的记者，更在于她和全国人民一起，代替牺牲 14 年的“好爸爸”，亲眼见证了光明的到来！

那一天，瞿独伊原本是以翻译的身份跟随苏联文化友好代表团出席开国大典的，她的位置就在西观礼台靠近城楼的那一侧，可以清楚地看到毛主席、亲耳听到那句震彻寰宇的话：“中华人民共和国中央人民政府今天成立了！”时任新华社社长的廖承志突然找到了她：“独伊，快上车，我们去广播电台，广播毛主席刚才的宣言！”

虽然参与过许多重要活动的翻译工作，瞿独伊还是因这项最特别的任务紧张不已。第一遍录制，有两处不太顺畅，再来一遍……此刻的她已经热泪盈眶，这是她一生“永远的骄傲”，而这个重要的时刻，也足以告慰父亲的在天之灵！

1950 年，瞿独伊和丈夫李何赶赴莫斯科，成立新华社莫斯科分社，这也是新中国成立后新华社建立的第一个驻外分社。编号“001”和“002”的两本护照，也静静记载着他们作为新中国第一批驻外记者的荣光。新生的中国迫切期待着让世界听到自己的声音，而他们正是除外交官之外，最早代表新中国走向世界的中国人。

以记者的身份重返莫斯科这一年，瞿独伊 29 岁，距离瞿秋白作为北京《晨报》的特派记者前往莫斯科，刚好 29 年。冥冥之中，仿佛自有天意，在女儿的身份之外，瞿独伊更是父亲的“后继者”。

丈夫李何是瞿独伊在新疆监狱的“狱友”，在狱中，瞿独伊教李何俄语，李何教瞿独伊中文，互帮互助渐生爱慕。1942 年，他们在被软禁期间喜结连理。两人的女儿李晓云回忆说：“我爸不爱说话，特爱读书，他们一个特别静，一个特别动，一个活泼外向，一个安静沉稳，结合得挺好。”

在工作中，李何、瞿独伊二人也是完美搭档。莫斯科分社的第一篇通讯，就源自他们的默契合作。因为李何有先天性心脏病，无法乘坐飞机，他们选择刚刚开通的中苏国际列车“走马上任”。一上车就看到格外显眼的投票箱，原来，当时正是苏联第三届最高苏维埃代表选举的投票日，两人马上亮明身份，俄语流畅的瞿独伊负责对车上的苏联旅客进行提问，文思敏捷的李何负责记录。这条出自“夫妻店”的新闻，也永久铭刻进了新华社的史册。

创业艰难，一分一毫都要花在刀刃上。“系出名门”的瞿独伊从来没有骄奢的做派，夫妻俩既是记者、通讯员，又是译电员、抄写员、打字员、翻译，甚至还兼顾会计、大师傅、采买员……她戏称自己是名副其实的“八大员”，没有周末，也顾不上留在国内的女儿，每天忙得脚不沾地。

一次，两人坐公交车去见苏联外交部新闻司司长，路遇大雨，两只“落汤鸡”狼狈不堪地跑进当地的办事机构，对方大为惊讶：“你们怎么不坐车？怎么不让通讯员来？”瞿独伊哑然失笑：“国家刚开始经济建设，能节省一点就要节省一点。”不仅如此，多年来，他们习惯了看病不报销、稿费大都作为党费上交，就连记者站必备的收音机、电视机和照相机，他们都没有向国家伸手，全部自费购买。国家按规定给他们定级定薪，两人都觉得给自己定高了。女儿李晓云回忆起当时的情景：“母亲先提出要降薪，父亲同意了。母亲又说：‘我的工作能力不如你，我要降得比你多一些。’”最后两人都主动降了工资。“他们全心全意为国家工作、为人民着想，没有其他的想法。”李晓云说。

如果说父亲瞿秋白当年来到苏联采访俄共第十次代表大会，是擎起了一面大旗，希望替国人“开辟一条光明的道路”，那么，李何和瞿独伊则是通过详尽、切实、新鲜生动的报道，将苏联社会主义建设的经验传回祖国，用自己的才华和兢兢业业的工作，贯通了一座中外交流的桥梁。

只留清气满乾坤

1982 年，为祖国忠诚工作 45 年的瞿独伊正式离休，但此时她的心头还悬着一件大事。“‘文化大革命’中，‘四人帮’为了改写整部党史，抓住我父亲临刑前所作的《多余的话》，硬是把他打成了叛徒，使父亲的英魂在九泉之下遭受莫大的凌辱……”一向淡泊名利的瞿独伊，耐得住寂寞、守得住清贫，却无法坐视父亲含冤受屈。“更重要的是，真实的历史应该让后人看见。”

为此，瞿独伊带着女儿，约见了对瞿秋白执行枪决的原国民党军官宋希濂。从他口中，瞿独伊仿佛看见了父亲临终时从容不迫的英雄气概。她们将情况如实记录，并提交给中纪委“瞿秋白复查组”。

1985 年 6 月 18 日，中共中央在怀仁堂召开隆重会议，肯定了瞿秋白光辉的一生。瞿独伊和女儿李晓云到场见证了这个重要时刻。这一天，是瞿秋白牺牲 50 周年的纪念日，而他亲爱的女儿“小独伊”，已经 64 岁了。

此后的岁月中，瞿独伊一如每位从工作岗位退下来的平凡老者一样，安然享受着自己的晚年生活。白发苍苍的她，依然不减对生活的热爱。71 岁时还在北京中老年交谊舞比赛中荣获了老年组第一名。一次，路过一场陌生的舞会，她偶然听到熟悉的“慢四”音乐，便大大方方走进去，还“放言”：“不是最优秀的舞伴我是不会下场的！”语惊四座。待她走入舞池翩翩起舞，优雅的舞姿立刻令众人折服。如果不问年龄，谁能猜到，她已经“芳龄七十七”了呢！

瞿独伊还参加了“开国元勋后代合唱团”，在一次庆典中，90 岁的她即兴跳起一段新疆舞，舞毕犹不尽兴，又一展歌喉唱起《莫斯科郊外的晚上》，引得掌声雷动，依稀仍是当年中共六大会议间隙载歌载舞的小姑娘。

“幸福就是替离去的人好好活着”，坚强的意志、开朗的性格、良好的作息运动习惯，这是瞿独伊长寿的三大秘诀。穿越一个世纪的风雨，她成了那个“守得云开见月明”的人，她代替父母、爱人、战友、伙伴，见证了祖国日新月异的变化，目睹了一穷二白的中国跃升为世界第二大经济体的奇迹。

2021 年，100 岁的瞿独伊戴上了金光闪闪的“七一勋章”。在她一生所获得的所有荣誉中，这是分量最重的一项。但此时，她已经没有力气表白自己的心迹了。作为世界上最了解她的人，女儿李晓云说：“很多烈士的后代都不在了，他们之中很多人忠诚于党、热爱祖国，这个奖实际上是奖给他们的，母亲只是一个代表。”

几个月后，刚刚度过百岁寿诞的瞿独伊安然离世。生命有尽头，但追寻真理之光的奋斗永无绝期。瞿独伊的名字，与父母并肩，成为镌刻于丰碑之上重要的注脚。她像一条绵延的大河，带着源头磅礴的力量，一路向着明亮那方，浇灌滋养沿途的家园，直到东流到海的那天。

（文／田甜　编辑／中国妇女杂志社 杨华）

第四篇
改革先锋

王瑛：纪检战线上永不凋零的巴山红叶

王瑛奋战在纪检监察一线20年，探索创新纪检监察“五个零”工作法，用真情厚爱架起“连心桥”。2008年，王瑛倒在了抗震救灾一线，以生命最后的燃烧诠释了一个红色的灵魂能走多远。2018年12月，她被追授“改革先锋”称号；2019年9月，被追授为“最美奋斗者”。

弱女子，硬骨头办铁案

“你是一片红叶，飘拂在寂静的远山；你是一抹彩霞，映照着清朗的长天……”每当歌声响起，跃然眼前的便是那个一身正气、无私无畏的纪检监察干部形象。

王瑛：被追授“改革先锋”和“最美奋斗者”称号。生前为四川省巴中市南江县委常委、纪委书记，荣获“全国纪检监察系统先进工作者标兵”，入选“100位新中国成立以来感动中国人物”，被追授全国优秀共产党员、全国三八红旗手。2008年11月27日病逝，年仅47岁。

王瑛个头不高，瘦瘦小小，但在惩贪治腐的关键时刻，却让人见识到这个小女子的硬骨头。

2003年3月24日，南江发生一件轰动全县的大事，在“扫黄”行动中一名年轻女子在县公安局某派出所留置室上吊自杀。就在人们对调查结果翘首以盼时，案子却被有关部门迅速了结，一时间社会上议论纷纷。

一个月后，南江县纪委收到了一封举报信，称派出所某民警在办案中玩忽职守致人死亡却逍遥法外。有人说这个案子不是想象中的那么简单，建议研究后再说，但王瑛斩钉截铁地说道：“既然老百姓有反映，我们就必须查个水落石出！”

随着案件调查的不断深入，王瑛发现这竟是一起涉及多个部门、背景复杂，连带着南江县公安局个别领导有制造伪证、隐瞒真相嫌疑的重大案件。由于涉案人员多，其中不少人还具备反侦查能力，一时间指责、谩骂乃至威胁接踵而至，查办压力可想而知。面对重重阻力，王瑛毫不畏惧：“邪不压正，我们是正义的，不怕！”

那些日子，王瑛和战友们一道日夜奋战，曾连续5天5夜基本没合眼，吃住都在办公室，与主要涉案人员直接交锋，撕开了案件突破口。真相最终水落石出，原来案发当天，某派出所在扫黄行动中，拘留了一名涉案女青年，由于值班民警当晚接受他人宴请，违规将女青年独自留在留置室，导致这名女子上吊自杀。当时，为了不影响争创全国先进，南江县公安局分管副局长指使在出警记录上作假，掩盖民警玩忽职守的真相。

王瑛凭借敢于斗争的勇气和善于斗争的策略，最终，13名涉案人员受到了纪律处分，2名涉案人员受到法律追究。

案件成功结办后，有人问王瑛何必为了一个风尘女子得罪反腐战线上的战友，王瑛沉重地说道：“她是违法了，是该受到法律的制裁，但罪不至死，更不该不明不白地死在派出所里。”

在法纪面前，王瑛就是这样的眼不揉沙、铁骨铮铮。在担任纪委书记期间，她大案要案亲自查、重要证据亲自取、关键时刻亲自上，直接牵头办理疑难案件、典型案件50多起，为国家挽回经济损失近1000万元。“惩处不是我们的目的，教育和挽救干部才是我们的目标。”王瑛说。

县公安局原副局长柳某，本是扫黑除恶的英雄，此前因工作成绩突出被组织破格提拔，成为当时全市最年轻的县公安局副局长，但因在“3·24”案件中，他作为县公安局副局长负有连带责任，最终受到行政撤职处分。

受了这么严重的处分，柳某觉得前程黯淡、情绪低落。王瑛了解到柳某此前一贯表现优秀，犯错只是一时糊涂，便多次家访，希望柳某能重新振作起来。

起初，王瑛来到柳某家，柳母冷若冰霜，柳某垂头丧气。王瑛不厌其烦，推心置腹地说：“将心比心，如果是我们的亲人不明不白地死了，也一定要讨个说法！”一次次的回访、一次次的交流，精诚所至、金石为开。老人家被她的诚意打动，柳某也慢慢打开了心结，主动申请到最偏远的村去挂职锻炼。

在王瑛激励下，驻村 4 年中，柳某带领村民修公路，建学校，安电话，养黄羊，种板栗，干出了当地老百姓梦想多年的事。因连续 3 年被县委表彰为优秀驻村干部，2006 年，柳某受到巴中市委表彰。当天下午，王瑛向柳某发去短信：“大姐祝贺你，真的勇士是跌倒后爬起来继续前行的人！”

“我知道我得罪了很多人，但我从没得罪纪委书记这个称号。”这就是王瑛交出的一份纪检干部的人生答卷。

对基层群众质朴的爱

“背二哥”是大巴山特有的农民工，终年靠给人背运货物为生。他们都是从山沟沟里来南江县城打工的，在 20 世纪 90 年代，“背二哥”们收入微薄，不论春夏秋冬，他们都是“天作被盖地作床，背篓笼在脑壳上”。这一幕，时任南江县纪委书记兼县工会主席的王瑛看在眼里，急在心里。

“1991 年我就来到这里，初来时一天只挣一块钱，那时人不熟，没有人照管我们，我们在街上哪里合适哪里睡。”“背二哥”廖庆和一直忘不了 2004 年冬天的一个晚上，累了一天的他，像往常一样把头钻进背篓，蜷缩着身子，身上盖了一条旧棉絮，睡在了县城红星桥旁的马路边上。蒙胧中，他感觉有人把棉絮轻轻地往上拉了拉，睁眼望去，是一个戴眼镜的女子。他想是个好心人吧，没说什么，又闭眼睡去。没有想到，一年以后，廖庆和参加县工会组织的农民工培训，竟意外地看到了那个女子，她微笑着走过来给他倒了一杯水。他问旁边的人，这女子是工会的？人家告诉他，那是县纪委的王书记，也是县工会的主席。他一时惊讶得说不出话来。

“安得广厦千万间，大庇天下寒士俱欢颜。”王瑛把“背二哥”的生活起居挂在心上，跑前跑后为他们解难，最终在县委支持下，办起了“背二哥”宾馆，“背二哥”们再也不用在街头风餐露宿，晚上终于能在屋子里睡觉了，一人一晚只收 5 角钱，缺口的费用由政府补贴，有电视看，还有热水喝。不

王瑛关心留守儿童

久，宾馆旁又新开了一家专供“背二哥”吃饭的餐厅，一顿饭只要2元钱，有荤有素，憨厚的“背二哥”们为餐厅起了一个直抒胸臆的名字——“感恩餐厅”。

“背二哥”见闻有限、知识贫乏，王瑛便经常抽空去旅馆给他们上课，给他们讲“要进得来，留得住”，鼓励他们“先富脑袋，后富口袋”，要“自尊自强，堂堂正正做人”。

王瑛还自己掏腰包帮助一些困难的“背二哥”。石新友就是在王瑛的帮助下，从一个背竹篓的民工逐渐富裕起来的。如今，石新友开着他的小卡车做搬运生意，在城里买了房，安了家。“她说的，要我们进得来，留得住，现在我户口也转到这里来了，成了真正的城里人。”石新友说道。

王瑛对基层群众有质朴的爱，巴中这片浸透了红军鲜血的热土，更为她的爱融入了一种信仰的力量。她说：“尽心尽意为群众做事，是我们党员干部的职责。”

在南江工作期间，王瑛节衣缩食支持农村学子读书，先后资助了黄霞等12名贫困学生，她已然成为他们心中的“王妈妈”。

黄霞2007年考上了四川农业大学，但因为家庭贫困，无奈之下准备放弃升学，下乡调研工作的王瑛得知后，专门来到她家，王瑛说：“小霞，考上大学不容易，我一定支持你上大学！”

2007年8月，王瑛为黄霞一次性掏出了3000元的学杂费。之后每个月，黄霞都会收到王瑛寄来的500元生活费，生活费的金额和王瑛上大学的儿子张然一样多。直到王瑛去世后，这笔生活费依旧按月寄到。去世前夕，王瑛还将自己获得的“全国纪检监察系统先进工作者标兵”2万元奖金交给同事存入专户，叮嘱说：“这是给黄霞上大学用的，即使我不在了，也要按时打给她。”

在王瑛的帮助下，黄霞顺利完成学业。如今，黄霞在一家大型企业任职，工作上进出色的她多次被公司表扬，她说要用勤奋努力的工作回报王妈妈的恩情，实现自己的价值。

慎终如始　清贫一生

有人曾说，王瑛就像一条河，清清白白，干干净净，折射着水的清澈和宽容，她清廉的品行始终鞭策着后来者。

“纪委是党内监督专责机关，既要认真履行监督职责，更要有勇气主动接受群众的监督。”王瑛是这样说的，更是这样做的。

2008 年 1 月，王瑛探索回答谁来监督纪委之问，邀请了县级部门、乡镇有关负责同志及群众代表，对纪委班子及纪检工作进行民主测评。

让权力暴露在阳光下，王瑛敢为人先的做法使一些同志一时难以适应。有同志认为，纪委本来就得罪人，民主测评不是自找麻烦嘛，万一得票不高也会影响单位形象。但王瑛坚信：正人先正己，律己方能律人。

民主测评当天，王瑛第一个走上发言席自我剖析，现场揭短亮丑，接受无记名投票测评。面对测评反映的不足，她现场表态，并在随后的问题整改中举一反三。“头雁效应”下，纪检干部成为一支钢班子、铁队伍。

对待同事，王瑛“严”字当头；对待亲人，她同样不徇私情。王瑛的弟弟王勇，一直在阿坝州一个条件艰苦的基层林业站工作，弟媳妇下岗在家，一家人的日子过得紧紧巴巴。王勇多次给姐姐打来电话，央求她帮忙调动工作，可每次得到的回答都是：“你要安心工作，调动的事有机会再说吧！”

这个机会却一直没有出现，因为每每想到要动用手中的权力时，王瑛就退缩了。王瑛曾对丈夫张勇说：“我们手中的权力都是公共权力，是人民群众让我们保管的，我们只是一个保管员。如果用权力谋私利，就是对人民的背叛！”

拒绝一切用权力谋取私利的王瑛，宁愿自己承受生活的重担。几年中，她的丈夫、母亲先后得病，儿子又考上大学，家中的日子时常捉襟见肘。2006 年，成绩优秀的儿子被学校送往国外一所大学交流学习，生活费用提高不少。无奈之下，王瑛背着所有人，悄悄到一家信用社贷款 8 万元。半年后，信用社捎来话，问她是否还点儿本金，不然一年的利息太高。她问：“利息有多少？”回答：“6000 元。”她沉默许久，把这件事记在了笔记本上，临终前还叮嘱家人将来一定把钱还上。

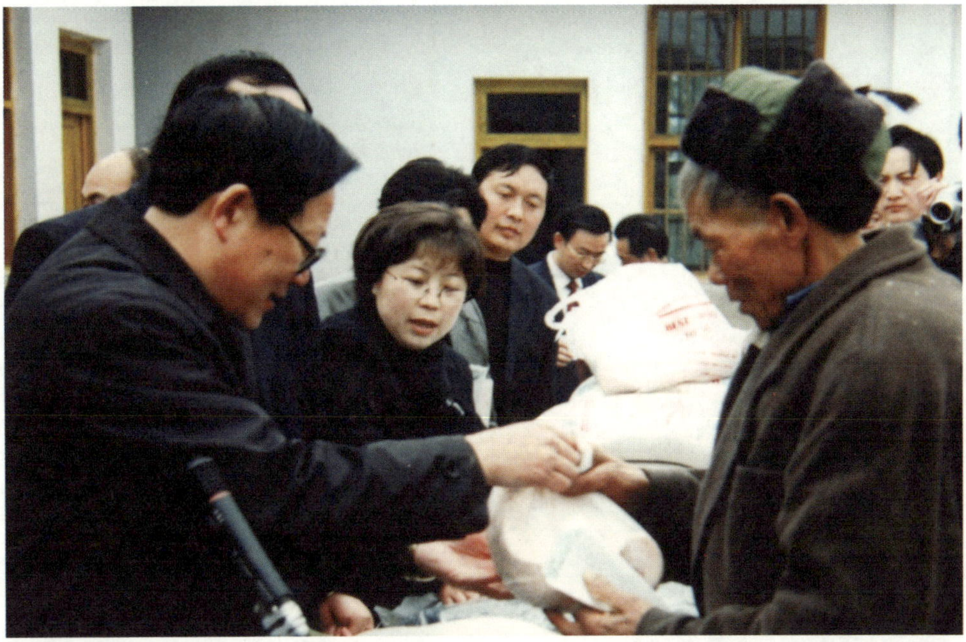

王瑛为受雪灾群众发放物资

2006年7月，南江遭遇特大旱灾，王瑛累倒在抗旱一线，经检查才发现，她身患肺癌已是晚期。她谢绝上级组织调换轻松岗位的提议，说："我知道我没有多长时间了，干一天算一天。我热爱纪检工作，我要在岗位上坚持到最后。"2008年汶川大地震，南江成为重灾区之一。地震发生后，当时正在重庆接受化疗的王瑛立即提前结束治疗返回南江。深入乡镇、组织群众转移安置、监管救灾物资……一连数月，王瑛步履不停，直到生命最后一刻。

2008年11月，王瑛因病去世，年仅47岁。斯人远去，红叶依旧，铁骨柔情留下无尽思索。在巴中南江，清明忆王瑛已成为全县干部群众的自发行动。十余年间，人们总是以各种方式缅怀这位两袖清风的纪委书记，她忠诚的品格、为民的情怀、清廉的品质在广大巴山儿女心中树起了一座不朽的丰碑。

（文／向小林　孙云飞　编辑／中国妇女杂志社　邵玮）

李谷一：歌咏时代

2018年12月18日，在庆祝改革开放40周年大会上，著名女高音歌唱家李谷一被授予“改革先锋”称号，成为中国歌坛唯一获此殊荣的歌唱家。

《乡恋》《难忘今宵》《年轻的朋友来相会》《我和我的祖国》《故乡是北京》，这些流传甚广的歌曲如今听来依旧让我们有所共鸣，心生感动。李谷一用歌声见证了改革开放翻天覆地的变化，成为几代观众心目中的“偶像”。

坚定走民族化的艺术道路

李谷一17岁开始在湖南花鼓戏剧院担任主唱，1964年，她主演的花鼓戏《补锅》获得了巨大成功，不久被拍成了电影。由于观众反应热烈，好评

李谷一：被授予“改革先锋”称号。中国女高音歌唱家，国家一级演员，国务院政府特殊津贴获得者。在歌唱领域里锐意进取、勇于创新，演唱了改革开放后第一首流行歌曲《乡恋》，用自己的歌声见证了改革开放翻天覆地的变化。

如潮，李谷一一跃成为家喻户晓的湖南花鼓戏演员。

1974年，李谷一考上了中央乐团，担任独唱演员。她不仅跟随著名声乐大师金铁霖学习规范系统的西洋发声技巧，还虚心请教齐淑芳、郭淑珍等名家，汲取她们优秀的演唱方式，使自己的演唱水平得到飞速提升。一年后，李谷一为影片《南海长城》配唱主题曲《永远不能忘》，此后短短几年里，李谷一先后为100多部影片录制了主题曲。20世纪80年代出现了“每片必歌，每歌必李谷一”现象。

李谷一从事歌唱事业60余年，演唱歌曲近800首。1983年，李谷一参加首届中央电视台春节联欢晚会并演唱了《乡恋》等9首歌曲，成为登上央视春晚的第一位歌唱家，《乡恋》则被誉为“改革开放后第一首流行歌曲”。第二年，李谷一又在春晚演唱了6首歌曲，其中《难忘今宵》成为央视春晚30多年来的压轴曲目；另一首名曲《我和我的祖国》倾诉了对祖国的挚爱，传唱至今。她的歌声轻巧甜美，行腔婉转，咬字清晰，在长期的经验积累与不断学习中，形成了中西合璧、独树一帜的现代新民歌演唱风格。

有人说，中国民歌可以分为两个时代：前一个时代是郭兰英的时代，第二代到了李谷一又是一个转变。李谷一把中国民族歌曲更向前推进了一步，形成了一代新歌风，为后来者开拓了道路，树立了楷模。

将民歌这一古老而弥足珍贵的文化遗产更好地继承和发展下去，是李谷一一生追求的目标。她认为民歌来源于人民群众，应该经过艺术加工后再回到人民群众中去，使之重新成为人民大众所喜闻乐见的艺术形式。李谷一心怀祖国，始终坚持走民族化、个性化、大众化的艺术道路，让民歌为人民大众所喜爱和传唱。

20世纪80年代初，李谷一到美国访问演出，当地一家中餐厅的老板对她说，自己已经30年没有回过祖国，十分想念祖国，希望可以听到祖国的歌声。李谷一意识到音乐可以增强民族的凝聚力，此后她更加注重通过歌声传递民族情感，也更加坚定了始终走民族化的艺术道路的决心。她演唱的歌曲不仅红遍祖国大江南北，也受到世界各地人们的喜爱。《南泥湾》《谁不说俺家乡好》《四季歌》等具有典型地方民族风格的歌曲，多次在全国性歌曲演唱评选中

李谷一开创了中国乐坛民族唱法与通俗唱法相融的先河

获奖；《绒花》《乡恋》《妹妹找哥泪花流》《边疆的泉水清又纯》《洁白的羽毛寄深情》等40余首歌曲在海内外广为传唱。20世纪80年代末，她演唱了以《故乡是北京》为代表的一系列京腔京韵歌曲，将京剧与北京特有的京腔等具有浓郁地方风格的元素注入歌曲中，别开生面地开创了民歌演唱新的风格。

李谷一在文章中写道：“20世纪80年代，我已经随艺术团访问过澳大利亚、新西兰、美国、法国、日本、荷兰、加拿大等国家，见识到那些发达国家的高楼大厦、五彩霓虹，也目睹过在城市光鲜亮丽的外表下衣着破烂的流浪汉。改革开放以来，我们国家走上了快速发展的道路，高楼大厦这样的现代化标志性建筑在北京、上海等城市越来越多，人们的精神面貌越来越振奋，作为一个中国人，我感到自豪。”她正是怀着强烈的民族自豪感工作着，歌唱着，每一年唱同一首歌，她都会有不同的感受，这正是祖国的日新月异带给她的新的企盼。

李谷一常说：“戏曲是我的靠山、我的根基。手、眼、身、法、步是现代声乐教育中没有的，这是我的优势。”可以看出，早期的戏曲表演训练给予她在歌唱事业上的帮助是不可估量的，影响了她的一生。而李谷一也不忘初心，在开拓民族音乐的历程中贡献了自己的力量，她在民歌演唱上所创造的艺术成就，为未来民歌的发展起到了表率和示范作用。

心怀家国、心怀人民

2014年，李谷一曾在文章中这样写道：“作为音乐界代表，我参加了10月15日召开的文艺工作座谈会。令我印象最深的是习总书记对文艺工作的两点要求——要为人民服务，为时代服务。这是我们文艺工作者肩负的使命，也是文艺创作的方向。如习总书记所说，我们文艺工作者只有心怀家国、心怀人民，才能创作出无愧于时代的优秀作品，才不至于在市场经济的大潮中迷失方向，才不会成为市场的奴隶，才不会让自己的作品充满铜臭味。”

李谷一一直是这样做的。

李谷一成名后，记者很难采访到她，她最常说的一句话就是：“我这个人没什么值得写的，请你写别人吧。”

1984 年 1 月，李谷一应上海电视台与马鞍山话剧团邀请，到上海为他们联合录制的电视连续剧《浣纱女》配唱两支插曲。在李谷一抵达之前，导演想到其中一首名为《采莲曲》的歌曲，如果由扮演剧中西施一角的青年演员本人边舞边唱，一定可以增强艺术感染力，但导演又苦于这位演员京腔难改，所以请求李谷一的帮助。将自己录好的音乐做备用，这对于一位歌唱家来说是颇有冒犯的，但李谷一欣然接受，并利用休息时间一个音符、一个音符地帮助这位演员矫正唱腔。事后，李谷一说：“演员自演自唱应该提倡，我应当以一出戏的全剧为重。”

作为中国民歌演唱家，李谷一拥有崇高的民族情怀。1985 年，旅法华侨俱乐部通过文化部发出邀请，李谷一欣然前往巴黎进行演出。她在巴黎举行了两场独唱音乐会，当时除了旅法华侨、华人，还有比利时、英国的华侨歌迷，以及法国友人观看了音乐会。一些老华侨听了李谷一的演唱十分激动：“我们这些老华侨，侨居法国已经几十年了，还是第一次聆听国内歌唱家甜蜜的歌声。李谷一小姐唱得太好了，她唱出了我们侨胞思念祖国的深情。”还有人说：“李谷一不愧是祖国培养出来的音乐修养有素的歌唱家，她的歌声十分动人，而且演唱水平高，内容健康，表演态度和台风正派。”整场演唱会，观众和李谷一的情绪都十分激动，最后，她以无限的深情演唱了《乡恋》和《难忘今宵》，很多观众流下了热泪。演出结束了，观众依然沉浸在这真挚而优美的歌声中，久久不愿离去。

对于观众的情谊，李谷一一直十分珍视。1986 年，她应邀到河北邯郸演

李谷一携 60 位歌手聚青岛，在“蛟龙”号上共唱《祖国好》

出，演出结束后，两三百名观众依旧不肯离去，想要见一见李谷一本人。负责剧场管理的工作人员因担心安全和秩序，没有同意观众的请求，观众便陆续解散了。但有一位青年却始终不肯离去，李谷一听说后赶忙对工作人员说：“这怎么行？快让他进来吧。”她热情地接待了这位青年，并为他签名留念。

不管是在艺术领域还是在生活方面，李谷一始终谦虚谨慎，热心无私，心怀家国和人民。正如她在文章中所写的那样：“心怀家国、心怀人民，便是文艺工作者的德。有了这种德，我们就不会丢掉自己的根，失去自己的方向。从事文艺工作要有理想和情怀，要以传承中华文化为责任，精益求精搞创作，把最好的精神食粮奉献给人民。唯其如此，才可能产生出优秀的作品，使其成为流传千古的经典佳作。”

像热爱歌唱一样热爱生活

功成名就的李谷一在生活中，依然是那个乐观、豁达、平易近人、不斤斤计较的人。她说："我在年轻的时候就觉得自己是个老百姓，没什么了不起的，只是和其他人的工作性质不同而已。没事的时候喜欢逛小卖部，该买啥买啥。"

李谷一在湖南花鼓戏剧院工作时，有一项出色的"特技表演"至今还为剧院同事津津乐道，她勇于承担打扫公共厕所和洗刷各办公室公用痰盂这种一般人视为既脏又低下的劳动，且以京剧《宝蟾送酒》的姿势，双手捧着九只叠放的、洗干净的痰盂从厕所疾步上楼却丝毫不倾斜，把苦事当成乐事干。

到了星期天，李谷一经常不回家，看到集体宿舍前面的木盆里有未洗的衣物便会帮忙清洗；甚至为一些同事洗蚊帐、床单，并把晾晒后的衣物叠得整整齐齐；乘汽车赴外地演出时，李谷一总是把最好的座位让给老年同事坐，她自己不是坐在中间的加座上，就是坐在行李堆上，但她毫无怨言；演出时，李谷一不仅帮助舞台组的同事搬箱和装台，还去装幕布，帮忙布置化妆室。

李谷一还自愿担任花鼓戏剧院的卫生员，义务负责管理医务室的工作。每当流感高发时，她就认真守在剧院传达室发药；有同事生病发烧，她就亲自护理，尽职尽责。同事们都称赞她热心而大公无私。

为了帮助更多的人，李谷一还学会了扎梅花针。她最初用自己的胳膊大腿做实验，扎得身上出血，但她并不在意。由于擅长针灸技术，她每次到农村去演出，都兼顾为乡下的男女老幼免费治病，而且疗效甚好。

李谷一对老人和儿童更是关怀备至。同事的母亲来了，她早晚为老人打洗脸水、洗脚水，倒痰盂，端茶送饭；对待同事的孩子犹如自己的孩子，带他们玩儿或者买小礼物给他们。只要有人去她的住处玩儿，她便拿出所有好吃的零食招待客人，她待人大方，人人都称赞她待人接物落落大方，热情慷慨。

李谷一平时不爱运动，但一直坚持两件事——每天喝足够的水、保持充足的睡眠。她还是个“野菜迷”，对野菜很有研究，认为野菜纯天然、污染少，而且营养丰富。对于各种野菜的功效，她如数家珍，比如，马兰头凉血止血、清热利湿、清火润肺，适合夏天吃，能增强人体免疫力。她刚到北京时，水土不服，经常上火，于是就买鱼腥草来清火。

李谷一常说，她这人最大的优点就是记性不好。“我不想像祥林嫂一样，总是对难过的事情念叨个没完，不好的事情很快我就会忘掉。能够健康地活着，就是胜利。”如今，70多岁的李谷一风采依旧，保持着年轻的心态和旺盛的生命力，这与她豁达乐观的人生态度密不可分。

（文／高婧　编辑／中国妇女杂志社 王梓蓉）

余留芬：奋斗的人生才精彩

2001年，31岁的余留芬临危受命，出任贵州省盘州市淤泥乡岩博联村党委书记，当时这个位于高寒山区的彝族村还在贫困线上苦苦挣扎。不通路、不通水、不通电的“三不通”把村民隔绝在了温饱都难以解决的大山里，全村人均年收入不足800元。经过20多年的奋斗，如今的岩博村不仅陆续建起了酒厂、林场、蔬菜大棚、养殖场、火腿加工厂，还发展起了休闲农业和旅游业。原本著名的贫困村焕发新生，成了全县首富村、全国文明先进村和示范村。2018年12月18日，在庆祝改革开放40周年大会上，党中央、国务院授予余留芬“改革先锋”称号，并颁授改革先锋奖章。

余留芬：被授予“改革先锋”“最美奋斗者”称号。贵州省盘州市淤泥乡岩博联村党委书记、岩博村党委书记。党的十七大、十八大、十九大、二十大代表，第十三届全国政协委员。获评全国优秀共产党员、全国三八红旗手标兵、全国脱贫攻坚奖奋进奖、全国五一劳动奖章、全国劳动模范等。

把人民小酒"推销"到习近平总书记面前

余留芬在党的十九大上和习近平总书记的"对话",至今还令人印象深刻。习近平总书记来到贵州省代表团,余留芬详细介绍了当地通过"联村"带动贫困村脱贫的情况,还借机"推销"了村里自产的盘县火腿和人民小酒,习近平总书记特意询问了人民小酒的度数、价格等相关情况。一时间,人民小酒迅速蹿红,让余留芬和全村人惊喜万分。余留芬手机都快被打爆了,无数个询问小酒的电话、短信蜂拥而至,岩博村更是忙得不可开交,订单暴涨,经销商、参观者络绎不绝……

小酒能得到习近平总书记关心进而引起全国关注,给全村人打了一支"强心剂"。大家通宵达旦地加班发货,谁都没怨言,老员工拼命,新入职的大学毕业生也不惜力,前一秒还在办公室里写文件,听到外面来车拉货,呼啦啦全都起身去帮忙。男员工一搬两箱,女员工两人抬一箱,忙得热火朝天……

有个司机以前总爱犯困,睡着后几个闹钟都吵不醒,可党的十九大后最忙最累的那段时间,他开车往返接待顾客,一天少说十几个来回,相当于跑2000多公里,他依然劲头十足。

人民小酒火了,对于岩博村来说是天大的好事,可余留芬却把它比喻成一场"暴风雨的来临"。一家村办企业,没有"雨衣""雨伞"遮蔽,就这样赤裸裸地暴露在外,任凭"大雨"淋打。如果没有足够的勇气和应对的能力,就站不稳、立不住,顷刻便可能摔得粉身碎骨,甚至难有翻身之日。余留芬深知这次巨大的机遇对自己和岩博村来说意味着什么,所以她一直反复告诫自己要淡定、冷静。

品牌亮出去了,怎么才能确保它不是昙花一现?质量管理、品质提升、市场把控……道道关卡都考验着余留芬对小酒走红的快速应变能力。小酒红了,打开了前行之路,但能够走得远、走得好,靠的还是自己的"筋骨"。

即便已经扩容至5000吨,岩博酒厂至今仍沿用传承百年的彝族小锅酒酿造工艺。酿制容器用的是大木甑子,木板之间有缝隙,酒温很高时杂醇就会从缝隙中挥发出去,再加上木头的吸附作用,有利于保证酒品纯度,与其他酒厂工业化生产所用的不锈钢等材质完全不同。更“奢侈”的是，大多数酒厂采用人工设备对酒进行恒温，而岩博酒用的全部都是山上汇集的山泉水保持恒温。得了自然的灵性，岩博的好山好水才酿出了深受欢迎的美味好酒。

从身家千万到负债百万

现在的余留芬是深受村民信任和爱戴的“大当家”，岩博村老老少少的“主心骨”。可在 20 年前，把一个贫困村的发展和全村人的命运齐齐交付给一个刚满 31 岁的村支书，况且少数民族村寨里此前鲜有女人来当家，余留芬的压力和起步之初的艰难可想而知。

作为一个嫁过来的外乡媳妇，余留芬能当上岩博村的村支书，可见本事有多大。她脑子活络，有生意头脑，中学毕业就开始卖凉粉，嫁到岩博村后又接连开起了饭馆、超市，还和煤矿合作做过椽木生意。在那个很多岩博人都没见过照相机的年代，她是村里第一个拥有相机的人。她买相机可不是为了自拍，而是看到了商机——她走家串户去帮村民拍照，一张收费一元钱。

生意多点开花，家里的条件也越来越好，建起了新房子，买回了摩托车，余留芬成为全村最早创业起家的女能人。看到了余留芬善于经营的头脑和敢想敢拼的闯劲，村“两委”多次找到她，大伙选举她任岩博村的党支部书记，希望她带领乡亲们共同富起来。

走马上任第七天，余留芬就开始修路。她带头把自家的一部分地置换给被修路占地的村民，很快啃下了“征地”这块硬骨头，又自掏腰包 4 万元买来钢钎、大锤、水泥、炸药等工具，和男劳力一起抡锤掌钎、肩扛手抬……3 个月后，几乎与世隔绝的岩博村终于有了第一条通向外界的公路。

路通了，一穷二白的岩博村靠什么来致富？余留芬想到了已被转卖出去的一片林场，可要赎回却需 20 多万元。余留芬就带着村民到林子里一棵一棵去数树，按照单棵树的价值，换算林子到底值多少钱。没想到，才数了十分之一，价值已经超过了赎回价。余留芬太激动了，这可是能让岩博人摆脱贫困的希望之林，她下决心，说什么也要买回来！

余留芬拿出了家里仅有的几万元钱，又四处奔走以个人名义筹借，总算把林场又买了回来。很快，这片林子的一笔笔进账印证了余留芬的判断，更让当初反对她“折腾”的村民们见识到了这位女支书的魄力和胆识。

从那以后，在余留芬的带领下，岩博村好像“开了挂”，陆续建起了煤矸石砖厂、养殖场、火腿加工厂、生态农庄。村民不仅脱了贫，家家户户还修盖了新房、买了车，日子越过越红火。

效益最好、知名度最大的岩博酒厂是2004年建起来的，余留芬看准了彝家传承百年、古法酿造的小锅酒有市场前景。此前，她曾与人合伙经营过一个加油站，为了建酒厂，她拿出了变卖加油站的1000万元以及此前的盈利3000多万元，一股脑儿都投到了酒厂里。

曾经身家数千万元，如今全村资产近亿元，可余留芬自己却变得负债累累。她以个人名义去贷款、筹钱，却把倾家荡产建起来的酒厂变成全村人的希望，村民入股参与分红，成了酒厂的主人，而余留芬如今却仅占股3.7%。

为什么要这么做？余留芬说，从当上村支书的那天起，心里只有一个念头：一定要让村民过上好日子。她宁愿做个“憨包”（方言，意为很傻），甘心每走一步都把自己逼得没有回头路。

“我的人生太精彩了”

这么多年走过来，余留芬付出的不仅是钱和时间，还搭上了健康。“浑身毛病多得很”，颈椎病严重，后脖颈常年鼓着一个大大的包，腰上也总得紧紧箍一圈高弹力束腰带。

腰疼的老毛病是有一年修路时落下的。当时，余留芬只身去探路，不料一脚踩空，从十几米高的山崖上摔下来，瞬间从腰到脚完全失去了知觉。她心一惊：这下完了……被送到医院后，确诊为腰椎粉碎性骨折，直到八九个小时后，双脚才渐渐恢复了一点儿感觉，但腰疼成了顽疾，多年来一直深深折磨着她。

余留芬生性乐观，总是爱笑。从山崖上跌下，疼痛难忍，她却庆幸“好歹没瘫了”。为了村民共同致富自己却欠下外债，她也淡然：子孙不如你，留钱给他们没用；子孙比你强，留钱更没用。正是有着这种很多人难以企及的大格局和好心态，余留芬才能一步一步熬过那么多难以言说的艰辛，用女性的双肩扛起了全村人的命运。

这些年余留芬几乎没睡过一个好觉，每天晚上盯着天花板，大脑却飞速运转：明天一早会有多少人来找我要钱？这5万元钱得先花到哪里去？还差10万元要到何处去筹……酒厂扩建那年是最难挨的，资金、技术、人才样样短缺，有一段时间融不到资金，余留芬压力很大，整天昏昏沉沉。一天，她在房间呆坐了4小时后，感觉自己有些撑不住了，连忙给在县城工作的大儿子打电话。见到飞奔回来的儿子时，压抑很久的余留芬哇的一声哭了出来，而且越哭越厉害，任凭儿子怎么劝都无济于事。第一次见到如此失控的母亲，儿子急得大吼："老妈，你是怎么回事！一直那么坚强的人，今天怎么这么较劲，非跟自己过不去啊！"

可余留芬怎能不急？自家投入的几千万元暂且不论，单是村民家家户户入股，投入的钱就关系着全村人的身家性命呀！如果资金再进不来，前期所有投入就意味着全部打了水漂。

"就算什么都没了，你还有两个儿子！"儿子在关键时刻拉回了余留芬快要绷断的那根弦。静下心来后，他们想到了当时刚上任的市委李书记。后来，在市委书记的支持下，几天后就有投资公司的资金汇入，濒死的岩博酒厂一下子起死回生了。

令余留芬感激的是，这么多年，每次资金链断掉时都是市里、县里给她担保，支撑她一步步走下去。党的十九大结束后回到家乡，看着帮助过自己的各级领导，当余留芬说出"这下总算不差钱了"时，大家都笑了，可余留芬想哭：这笑是用多少年的苦累和艰难才换来的啊……

虽说自己前半生过得很苦很难，但余留芬觉得这一切都是最好的安排。同行的人感受到了她的苦，懂得她的难，人人敬她爱她，无论去谁家，人们都会拿出最好的东西款待她，哪家有事也第一个想到要找她商量。有一次，她开车出门办事，不小心车轮打滑陷进沟里。她坐在车里惊魂未定，却只见远处乌泱泱跑来一群人。在没有任何工具的情况下，100多个岩博村民人顶人，仅凭双手硬生生把车从沟里抬了出来。那一刻的感动，余留芬至今想起来都眼眶泛泪，自己的付出能得到村民们如此以心换心的回报，一切都是值得的。

想想来路，能赚得了家财千万，受得了负债累累，一次次把自己逼到险境，又一次次绝处逢生。在这样的大起大落、大开大合中，余留芬将一个贫困村的日月换了新天。经历过这样的跌宕起伏，她为自己感到骄傲："我的人生太精彩了！"

爱是幸福最美的注脚

余留芬是个完美主义者，似乎总是在"较劲"。她与贫困较劲，为发展较劲，常常也和自己较劲。在此前的报道中，她几乎从未提及过自己的家庭，因为那里隐匿着很多只能自我纾解的伤痛。

余留芬经历过一次失败的婚姻，也一度很受伤害，难以自解。除了观念里的传统，还因为自己是村支书。她逼着自己方方面面都要带好头，工作如此，家庭也应如此，不能有任何缺憾。所以，不幸的婚姻一撑再撑。直到9年前，在前夫的步步紧逼下，两人分开了。拿到离婚证那天，余留芬把自己关在屋里，痛痛快快哭了一场。

离婚时前夫撂下一句狠话："离了婚，你也别想在这村里待下去！"尽管每每想起都会难过，但故事并没有按照前夫"预言的剧本"演下去，余留芬反而庆幸这样的刺激给了她无限的动力。

余留芬把自己做生意盖起的一套二层小楼和一辆车都留给了前夫，自己带着两个儿子净身出户，但并没有离开村子。她不仅带领村民把一个贫困村打造成了脱贫攻坚路上的示范村，更以村为家，把村民当成了亲人。有人得了重病，她多次开车送到昆明医治，垫付了一笔笔医药费；替别人担保贷款，近百万元债务自己偿还，又拿出十几万元资助对方供出了两个大学生……余留芬的大爱，十几年来感动着村民们。每个人讲起她的故事，都控制不住地泪流满面。

离婚这些年，余留芬不仅是岩博的大家长，也是小家庭里不可倒下的顶梁柱。两个儿子读书上学、大儿子成家等所有大事都是她一人扛着。她自己直到现在也没房，和儿子、儿媳合住在当年给儿子按揭买的婚房里。十多年来，为了方便办公，她住得最多的是村委会给她辟出来的一小间卧室。这么多年，因为害怕，余留芬睡觉从来不敢关灯，多年养成了习惯，关灯反而睡不着了。

儿子、儿媳一直是余留芬最坚强的后盾。以前酒厂效益不好，工资发不出，新招来的大学生待几天就辞职了。一家公司连像样的策划文案都写不出，情急之下，余留芬命令已在上海工作的小儿子辞掉高薪回到了岩博村。现在，小儿子是公司的策划总监，负责品牌策划、申报资料等工作。党的十九大之后，公司急速发展需要用人，余留芬又把大儿子喊回来做助手。让她骄傲的是，两个儿子都不负期待，成了公司最得力的干将。

每次来北京参会，余留芬带来的西装、衬衫和拎包都是儿媳精心为她挑选置办的。洗衣服、收拾屋子、下厨房等家务事，儿媳从来不让她插手。担心她手头紧，常常把钱偷偷塞进她包里。曾经融资困难，儿媳跑回娘家找亲戚百般筹借，帮她渡过难关……每次提到这个暖心的“小棉袄”，余留芬的眼泪就控制不住地掉下来。

让余留芬感到欣慰，也让村民称赞的是，她和前夫的家人仍亲如一家。在“幸福快乐一家人”微信群里，大家常常聊天、发红包，充满了欢声笑语。公公在弥留之际，最想见的就是他心里那个“真正的孝顺子”前儿媳。当时，余留芬安排好所有工作，连续几天守在公公床前，喂饭、擦背、换洗，陪伴老人家安心走完最后一程。

如今，余留芬最关心的是如何实现岩博村的高质量发展，特别是酒厂的发展。她说，遇到困难的时候，自家要人力、物力、财力全部顶上来，等哪天酒厂进入了平稳期，她希望把酒厂交给更懂经营、更专业的人来管理。因为，让村里的产业更好发展、村民更加富裕幸福，才是她幸福感和获得感的源泉。余留芬相信，自己一定能带领岩博村村民创造更多奇迹，收获无限精彩。

（文／王婕　编辑／中国妇女杂志社　王晓艳）

张月姣：世贸组织里的首任中国籍“大法官”

“在参与国际贸易和应对贸易争端时，只有了解国际规则，利用好规则，才能无往而不胜。”张月姣曾在接受记者专访时如此强调。

世界贸易组织（以下简称“世贸组织”）上诉机构有着世界贸易“最高法院”之称，世贸组织成员之间发生贸易争端并提请世贸组织立案解决时，上诉机构报告作为“终审判决”，具有强制执行力。张月姣是世贸组织上诉机构参与审理案件的 7 位大法官中首位中国法律人。2018 年 12 月 18 日，中共中央、国务院授予其“改革先锋”称号。

张月姣：被授予“改革先锋”称号。原外经贸部条法司司长，世界贸易组织争端解决机制上诉机构原主席，世界银行解决投资争端国际中心仲裁员。她长期奋战在中国外经贸法制建设第一线，是世贸组织第一位中国籍“大法官”，入选“中国海归 70 年 70 人”榜单。

当选世贸组织上诉机构大法官

张月姣1944年出生，1968年获法国汉纳大学学士学位；1981年赴美国乔治敦大学、哥伦比亚大学法学院学习，获法学硕士学位；1985年取得中国律师资格。她通晓中文、英语、法语，有长期国际贸易、金融和投资法律的经验，曾创下过许多传奇式的“第一”：第一个在世界银行担任法律顾问的中国人，第一位国际统一私法学会中国籍理事和专家，第一个亚洲开发银行欧洲局中国籍局长，第一个在西非开发银行担任董事的中国人……因为勤奋和刻苦，张月姣获得了一个称号——铁女人。

2007年，商务部推荐张月姣竞选世贸组织上诉机构法官。上诉机构的法官必须是独立、公正、专业、敬业，世界公认的法律、贸易和WTO法事务的专家。回忆起准备应试世贸组织上诉机构的那段时光，张月姣说：“每天早晨5点起床，把与世贸组织有关的所有报告、专著、案件都研读一遍，然后上网跟踪上诉机构正在处理的案件，比当年准备博士学位论文还艰难。”这样的生活，持续了整整19个月。

经过两轮激烈的遴选，2007年11月，63岁的张月姣成为中国首位跻身世贸组织最高裁决机构的法官。“世贸组织的151个成员方之间的贸易摩擦争端，由7个人一起工作来最终裁决，这的确是难得的机会，也是很重的责任。我也面临很多新的挑战。”张月姣表示，“上诉机构集中了全世界国际法、国际贸易和世贸组织协议方面的权威专家，我能荣幸成为其中的一员，一定会严格按照世贸组织法律，公正处理贸易争议，为以规则为基础的多边贸易体制作贡献。”

自正式就任以来，张月姣参与了大量贸易争端案件的审理工作，她曾经担任20起案件的庭审法官和10起案件的首席法官，并就40多起案件提出自己的意见。2012年，她又被选为世贸组织上诉机构的主席。

在世贸组织主办公楼到餐厅中间，挂着一幅中国书法，上面写的是“行胜于言”。张月姣曾把世贸组织的代表请到清华大学，她请一位书法家写了很多幅字，并买来送给这些专家。当时一位副总干事很喜欢这幅字，于是把它挂在了世贸组织大楼里最显眼的地方，希望世贸组织多边谈判少说空话多做实事。

走进世贸组织上诉机构会议室，一面很大的照片墙分外抢眼，张月姣说每一位前法官的相片都会留在墙上。2016 年 10 月，她结束了在世贸组织上诉机构 8 年零 9 个月的工作，在世贸组织最大的会议厅里，做了一个很长的告别演说，照片也留在了上诉机构会议室那面墙上。

“机会总是留给有准备的人，不管多大年纪都要坚持学习，要有国际视野，要有兢兢业业的研究精神，特别注重对国际法的系列研究，要为国际的公平正义、和平发展作贡献。”张月姣说，改革开放使得中国发生了翻天覆地的变化，人民生活水平提高了，越是如此，越要继续坚持国际法，坚持世界贸易的多边贸易规则，为中国的复兴、为世界的和平发展作出更大的贡献。

只有中国人才能做到

张月姣是国家首批公派留学法国的留学生，20 岁时她进入法兰西汉纳大学求学。初到法国，言语不通，她感到十分焦虑。一天，她算了一笔账——原来，国家为她负担的一年学费和生活费，竟然相当于当时国内 30 个农民一年的生产总值。张月姣的内心受到很大触动，此后她每天早上 5 点起床，照着字典背诵法语单词。最终，练就了一口流利的法语。

1976 年，刚从法国学成归来的张月姣认识了汪道涵。“他博学儒雅，非常爱读书，时不时去北京琉璃厂找寻一些经典的国外著作。”张月姣回忆道，一次，汪老把法语的莎士比亚剧本送给她，还用英语背诵了其中的一段话。汪道涵说：“法语是国际谈判的重要语言，但是国际上最重要的商业语言还是英语，你学会了英语，那翅膀就会更‘硬’了。”张月姣记住了汪老的话。当时她已有两个小孩，正是需要费力照顾的时候。为了尽快掌握英语，她心一横，把小孩“拴”在床边，拼命学习，很快就通过了国家英语的专科考试。

因为精通英、法两门外语，1981 年，张月姣成为第一个在世界银行担任法律顾问的中国人。

“当时的工作难啊！”不得已，张月姣把孩子放在了国内亲戚家中。“我女儿当时只有 3 岁，在幼儿园急性阑尾炎发作，要上手术台了却没有人签字。

当时我在华盛顿世界银行谈判室接到这封信后，跑到厕所痛哭了一场。我想我无论如何不能辜负党和政府、家人对我的支持，我要拿出全部的力量，把两年当作5年、10年去用。”张月姣擦干眼泪，再次回到谈判桌前，代表世界银行继续谈判。

在世界银行工作时，张月姣打听到一个消息：如果业余学习对口专业，所有的学习成绩在“B+”以上，拿到成绩单可以报销学费。这对当时的张月姣来说是一个天大的好消息。于是，她每天只睡两三个小时，通过了托福考试，拿到了乔治敦大学的录取通知书。她白天工作，晚上读书，除了念硕士课程，凡是有名的教授讲课，她都慕名而去，和他们交流。只用了一年多的业余时间，就获得了乔治敦大学法学硕士学位。当她把成绩单拿给世界银行主管在职进修的人看时，他们都感到很吃惊。因为即使是全职脱产，通常也需要将近两年的时间才能读完，而且成绩不一定有这么好，他们连连赞叹：“这只有中国人才能做到。”

时代的宠儿，与中国法治建设共成长

第二次学成归国后的张月姣，立刻投入国家外国投资管理委员会的涉外经济法立法工作中，先后参与了涉外经济合同法、公司法、民法通则的起草，夜以继日地工作。她还和同事们一起去新加坡和美国考察《投资企业法》，受益匪浅。经过国内外广泛的考察、讨论和研究，她和同事们最终制定了外资企业法，这在社会主义国家也是首创。

后来，国务院机构改革，外资管理委员会合并到新成立的对外经济贸易部（以下简称“外经贸部”），张月姣在外经贸部条法司先后做了副处长、处长、副司长、司长，参与了国内几乎所有的重要涉外经济法律，包括中外合资经营企业法、中外合作经营企业法、外商独资企业法、对外贸易法、反倾销和反补贴条例的起草。

张月姣带着专家组到美国、欧盟，关贸总协定秘书处，研究他们的反倾销与反补贴的规定与实务，结合中国外贸体制改革和乌拉圭回合谈判达成的贸易协定，与各种专家交谈研讨。从中国国情出发，依据中国宪法，参照国际条约，特别是关贸总协定以及外国的外贸立法的先进经验，张月姣和同事们一起完成了中国对外贸易法的起草工作。

1994 年，中国对外贸易法公布，正当大家庆祝时，时任中国入世首席谈判代表龙永图副部长着急地找到张月姣说：“外国人对咱们的这个对外贸易法提了 300 多个问题。”张月姣听后很是淡定：“没关系，我们每一条都有根有据，请给我在日内瓦安排半天的时间，我去解释。”后来，中国复关和加入世贸组织工作组给张月姣安排了半天时间，在世贸组织最大的会议大厅，张月姣胸有成竹地用英语把对外贸易法的每一条条文都解释了一遍，下面听得鸦雀无声，尽管她一遍遍发问“还有没有问题”，仍旧无人提出疑问，片刻后，场下传来阵阵掌声，“我们中国的对外贸易法完全符合世贸组织的规则！”会后，很多“粉丝”还请求和她合影留念。自那之后，再也没有人对中国对外贸易法提出质疑。

“我们做任何事情，一定要从根上研究透，要有理有据。在任何时候讨论我们的法律，只要有依据，就会理直气壮。”张月姣郑重说道。

除了起草公司法以外，张月姣和同事们还起草了涉外经济合同法。“我们的工作不仅是对中国法制建设的贡献，也是对世界法制建设的贡献。”张月姣说，1983 年，中国、美国、意大利率先核准加入了《联合国国际货物销售合同公约》，现在已经有 150 多个国家加入了这个合同公约，这在国际上是一个奇迹。

“我认为中国改革开放的 40 年，就是中国法治建设的 40 年，谁也不能否定这个事实。”张月姣说。法律的制定，为中国的改革开放提供了充分的法律保障。在国外，如果一个法律人参与了一部法律某个条款的修改，都会写本书。张月姣的不少国外同行听说她参与了这么多法律的起草，都觉得不可思议。但她却淡淡回答：“我觉得这是时代给我的机会，是中国的改革开放给了我这个机会，我确实是时代的宠儿。”

亲历 12 年中美知识产权谈判

在外经贸部工作期间，张月姣曾经历过很多次国际谈判。国际谈判表面

张月姣认为坚持主权平等，才能更好维护国际秩序

很风光，但实际上是非常艰辛的。1989 年，张月姣第一次就中美知识产权到华盛顿谈判，和美国贸易代表关于特殊 301 条款进行交涉。谈判期间，张月姣和同事们先到华盛顿塔下面商量调整谈判计划和策略要点。被问到为什么在华盛顿塔下谈判，张月姣笑着答："因为在国际谈判中，大家都忌讳被对方听到自己的谈判计划和策略。美国代表当年到我们的钓鱼台国宾馆，我们给他们准备了 10 号会议楼，让他们写草案。他们不用，宁愿大冬天在池塘边研究他们的方案。我们也学他们，我们也要保密，所以我们每次讨论都是在外边。"

在张月姣的记忆里，中美知识产权 12 年的谈判中，曾有三次贸易报复、反报复。张月姣说，中美两国关系是世界上最重要的双边关系。中国与美国社会制度不同，中美贸易在迅速发展的同时，也产生了不少摩擦，但是中美双方有很多共同利益。中美之间必须加强相互了解，求同存异，不冲突、不对抗，合作共赢，这也是对世界和平、稳定和发展的贡献。

1991 年，张月姣跟随时任外经贸部部长的吴仪同志去美国谈判。此前，她们做了非常充分的准备工作：除了公布专利法、著作权法、商标法外，还加入了专利保护公约、马德里协定、伯尔尼公约等。要知道，美国是在《版权法》公布 200 年以后，才加入伯尔尼公约的。“我们国家能在这么短的时间内参加这个公约，说明中国对知识产权保护的态度和力度是国际一流的。”张月姣说。

尽管如此，张月姣和吴仪部长去和美国代表团谈判的时候，对方还是非常霸道，在谈判桌上十分尖刻。美国代表对吴仪部长讲话时表示“我们是在跟小偷谈判”，吴仪部长说：“我们是在跟强盗谈判！”这次谈判，还没有谈几个预备方案，美国代表就把谈判的大门关上了。

此后，又经过层层谈判，直到 1995 年，中美知识产权谈判终于达成了协议，这个协议为中国加入世贸组织提供了很好的条件。张月姣后来在美国做访问学者的时候，多次见过基辛格博士，并与他交流。他认为中美知识产权谈判的成功，对整个中美关系非常有利。

无论是在世贸组织担任大法官，还是在世界银行担任法律顾问；无论是作为中国知识产权谈判代表，还是作为中国恢复关贸总协定缔约国地位和加入世贸组织的权威专家，张月姣在法律和国际贸易等多领域的专业素养，都获得了普遍认可和赞誉。2016 年，乔治敦大学授予张月姣教授荣誉法学博士学位，奖励张月姣教授 30 年对于法律与正义的贡献。2017 年 3 月 8 日，世贸组织指定张月姣为“先锋女性”。2018 年 12 月 18 日，中共中央、国务院授予其“改革先锋”称号。提起纷至沓来的荣誉，近耄耋之年的张月姣看得通透，她回答：“我只是保存了中国人的一点精神罢了。不忘初心，为祖国学习，为祖国争光，为世界法治作贡献。机遇总是包含危机与机会。当面对机遇，要更好地用知识充实自己，要坚信外国人能做到的，中国人也一定能做到，而且比他们做得更好。长江后浪推前浪，中国一定会做得越来越好！”

（文／中国妇女杂志社　杨华）

陈冯富珍：推动人人享有健康

2006年，一位温文尔雅的中国女性成为国际社会关注的焦点——来自中国香港特别行政区的陈冯富珍当选世界卫生组织（以下简称“世卫组织”）总干事，成为首位在联合国专门机构中担任最高职位的中国人，成为中国参与国际事务的里程碑。陈冯富珍还是“一带一路”卫生领域合作推动者，她为“人人享有健康”而努力。改革开放40周年之际，中共中央、国务院向陈冯富珍颁发“改革先锋”奖章。

令人类避过一场流感浩劫

来自中国香港特别行政区，时任世卫组织助理总干事的陈冯富珍，经世

陈冯富珍：被授予“改革先锋”称号。全国政协常委，清华大学万科公共卫生与健康学院首任院长，第一位担任世界卫生组织总干事的中国公民，清华大学健康中国研究院学术委员会主任，国务院深化医药卫生体制改革领导小组首席顾问、“一带一路”卫生领域合作推动者、全国政协委员优秀履职奖获得者，入选“中国海归70年70人”榜单。

界卫生大会审议并投票批准，正式高票当选世卫组织第七任总干事。她是继布伦特兰之后该组织的第二位女性总干事，也是首位担任世卫组织总干事的中国人。

到世卫组织任职之前，陈冯富珍在香港的政府机构工作了25年。1994年6月，任香港卫生署署长，是香港首位女性卫生署署长，她曾在1997年和2003年分别处理应对H5N1禽流感和严重急性呼吸道综合征这两个新发传染病对香港的威胁，获得一致赞誉。

1997年，香港发生H5N1禽流感疫情，这是全球首次在人类身上发现该种感冒病毒。当时的香港人都记得，禽流感暴发后，时任卫生署署长的陈冯富珍说了一句名言："我天天都吃鸡。"她不仅在用餐时吃鸡肉，还积极为安全吃鸡做宣传，呼吁大家"对禽流感不要有无谓的恐慌"。一时间，人们的"恐鸡症"大为缓解。陈冯富珍说："作为处理公共卫生的官员，我可是个实

陈冯富珍在政协会议上发言

话实说的人，我很忠于自己的看法。其实从科学的角度看，你只要把鸡煮熟了，绝对可以安全食用。”但这并不代表陈冯富珍对禽流感没有足够的重视。1997 年至 1998 年，香港共证实 18 宗人类感染 H5N1 禽流感个案，当中 6 人死亡，死者包括 2 男 4 女，年龄介于 3 岁至 60 岁。1997 年年底，陈冯富珍力排众议，果断向特区政府提议杀尽全城的鸡，当年即宰杀了 130 万只家鸡，有效阻止了 H5N1 禽流感病毒向人类传播。

世界流感权威专家在 1998 年发布的一项联合宣言中评价屠宰鸡只的举措：“有关行动当时颇具争议，而结果（在当时）亦属未知之数。今日看来，当时的行动可能已令全球人类避过了一场流感浩劫。”

2001 年和 2002 年，香港特区政府又分别宰杀 120 万和 90 万只鸡。此举之后，香港再未发现新的 H5N1 禽流感案，这个方法也成为后来控制禽流感的国际标准措施——“杀鸡法”列为联合国粮农组织和世界动物卫生组织的“推荐处方”——任何地方出现鸡感染禽流感，最有效的处理方式就是把鸡都杀光。陈冯富珍也因此被媒体戏称为“杀鸡”署长。

2003 年的非典疫情，再次让陈冯富珍走进公众视线。“你好，我是卫生署署长陈冯富珍，根据现时治疗非典型肺炎的经验……”她每天召开新闻发布会介绍情况，及时公布最新信息。虽然压力巨大，但面对记者各种刁钻问题，陈冯富珍始终坦诚对待，她说：“我是一个实话实说的人，我告诉市民我知道什么，我不清楚的也实言相告，决不隐瞒。”正是这种坦率让陈冯富珍在非典时期为香港特区政府赢得了主动。在非典高峰时期，陈冯富珍曾接受了电视台的一次访问，节目中三度落泪。有媒体评价说：“在那场灾难面前，她作为一名女性官员，沉着、果敢、细腻的个性给人们留下了深刻印象。”

世卫组织总干事相当于“现代罗宾汉”

非典风暴过后，陈冯富珍辞去香港卫生署署长一职，出任世卫组织助理总干事，主要负责传染病防控事务。世卫组织成立的专门应对禽流感的协调部门，便由陈冯富珍负责。她由此成为当时负责全球抗击禽流感国际合作事务的核心人物之一。

之后，陈冯富珍参选世卫组织总干事。丰富的工作经历和突出的工作成绩，为她顺利执掌世卫组织打下了坚实的基础。“有丰富的公共卫生工作经验，包括基层医疗及健康服务，传染病控制（如禽流感、艾滋病、SARS），卫生法规，资源调配，危机处理，行政，中医药规管，慢性疾病控制，健康教育，控烟工作，等等，是总干事的理想人选。”多位卫生署同事这样评价她的参选。陈冯富珍当选世卫组织总干事也有着中国政府的大力支持，当时有分析说，中国过去从未涉及国际重要组织“当家人”的角逐，派出强大阵容支持陈冯富珍代表中国出战，可谓是零的突破。更重要的是，这其中包含的意义其实是中国外交政策正由被动逐步转向主动。作为一个崛起的大国，中国需要在国际舞台上发出自己的声音。

陈冯富珍不辱使命，于 2007 年至 2017 年间连续两届担任世卫组织总干事，成功地将已制订防范禽流感应变计划的国家数目，从其上任前的 50 个增加到 170 多个，同时推动了中国、越南、泰国以及墨西哥等国家和地区发展免疫科研技术，她还成功说服了瑞士罗氏药厂将 2000 多万粒治疗禽流感的特效药“达菲”捐给 20 个贫穷国家。她率领世卫组织应对 2009 年甲型 H1N1 流感、2012 年中东呼吸综合征、2014 年埃博拉疫情、2016 年寨卡疫情等公共卫生危机。与此同时，陈冯富珍积极推动世卫组织与我国开展广泛深入合作，支持我国两支应急医疗队成为最早一批通过世卫组织认证的国际应急医疗队，推动中医药等传统医学逐渐纳入各国医疗卫生体系。她曾表示，世卫组织将同中国一道，与“一带一路”沿线国家在医疗卫生政策方面展开磋商，进一步完善各国医疗制度。

任期内的 2017 年，陈冯富珍积极促成签署《中华人民共和国政府和世界卫生组织关于“一带一路”卫生领域合作的谅解备忘录》，助推中医药、针灸等中国传统医学引入“一带一路”沿线国家。改革开放 40 周年之际，中共中央、国务院向陈冯富珍颁发“改革先锋”奖章，表彰她为推动“一带一路”卫生领域合作作出的杰出贡献。

世卫组织是全球最大公共卫生组织，陈冯富珍作为中国医疗卫生界的代表，能够做到最高负责人，体现了国家综合国力的提升。她形容担任世卫组织总干事犹如“现代罗宾汉”，不断游说富裕国家、基金或企业帮助贫穷国家。而作为“国际公务员”，是为 193 个国家服务，做事必须公平公正、不偏不倚，让每个国家在争取自己利益之余，也要为全球健康的整体目标让步，就争议议题达至共识。

2017 年 5 月，陈冯富珍最后一次以总干事身份在世界卫生大会上讲话，她说：“十多年前，当我被大家任命为总干事时，我要感谢会员国对我的信任。我承诺将作出孜孜不倦的努力，也确实这样做了，而无论是在最好还是最糟的时刻，我从没有厌倦过这份工作。”

医学只有一个目标

冯富珍出生在中国香港，先后在加拿大、英国、美国、新加坡等地求学，拥有加拿大西安大略省医学学士、英国皇家内科医院院士、新加坡国立大学公共卫生科硕士等多个学位。

陈冯富珍认为医学只有一个目标——为人类健康服务

事实上，这位业界的知名人士一开始读的并不是医科，而是文科。冯富珍的第一份职业是教师，与医生或公共卫生领域毫不沾边。之所以选择读医科，完全是为了有更多的时间和男朋友在一起。

1969 年，男友陈志雄决定去加拿大读书，冯富珍担心距离会影响两人的感情，母亲告诉她，应该选择“追随自己的心”到加拿大去。1973 年，冯富珍在加拿大西安大略大学获得文学学士学位，她后来回忆：“我跟他说，我是学文科的，但是如果你念医科，我就没有时间陪你，你也太忙没有时间陪我。你反不反对我和你一起去学医？所以学医对我就是为了有机会多跟我的男朋友在一起。”

随后两人双双考入加拿大西安大略大学医学院，并在入学前举行了婚礼。回到香港后，陈冯富珍在香港医务卫生署辖下的母婴健康院工作。当时儿子已出生，陈冯富珍劳累一天回到家还要带孩子，但她的工作仍然很出色。

陈冯富珍认为现代女性因要兼顾事业和家庭，生活上难免存在大大小小的考验，但只要乐观面对，尽自己所能，定能克服困难，提升自己。

陈冯富珍是“一带一路”卫生领域合作推动者

自从进入医学领域，陈冯富珍就认为医学只有一个目标，那就是为人类健康服务，无论是西医还是传统医学。她说：“我本人是西医，但我非常支持中医中药。”陈冯富珍认为，中医与西医地位平等，应当突破传统医学与现代医学之间在观念上的壁垒，以开放包容、互学互鉴的心态，了解中西医各自的特点，这样才能更好地促进双方的发展，促进传统医学和现代医学融合。

陈冯富珍现任全国政协常委，国务院深化医药卫生体制改革领导小组首席顾问，继续为国家发展建言献策。

2023 年 4 月 20 日，博鳌亚洲论坛健康产业国际论坛在北京经济技术开发区开幕，作为博鳌亚洲论坛全球健康论坛大会主席的陈冯富珍出席论坛开幕式、“传统医学创新发展”分论坛和“迈向全球消灭脊髓灰质炎的最后一公里”分论坛等活动，并发表精彩致辞。她认为卫生健康越发成为人类生存与可持续发展的核心要素，是社会进步和经济复苏的新动能，大力发展卫生健康产业势不可当且意义重大。

陈冯富珍说：“我在不同的岗位，首要任务都是推动人人享有健康。”

（文／中国妇女杂志社　苏容）

郎平：使命就是升国旗，奏国歌

郎平的名字在中国家喻户晓。作为20世纪80年代中国女排核心球员，郎平为中国女排夺得“五连冠”、实现第一次腾飞作出突出贡献。1995年、2013年，郎平两度在中国女排最困难的时候出任主教练，都是仅用一年时间就把中国女排重新带到世界顶尖行列，一共九次带领国家队征战世界三大赛，获得一个奥运冠军、两个世界冠军、三个亚军和两个季军。

1981年，20岁的郎平第一次夺得世界冠军时，上至耄耋老人下至垂髫小儿的中国人，都把她和她的队友视为英雄。2016年，当55岁的郎平率中国女排登上里约奥运冠军领奖台时，她的粉丝中已经有不少“10后”的小朋友了。能影响年龄跨度超过100年的体育人，在新中国历史上恐怕只有郎平。中国

郎平：被授予“改革先锋”称号。中国排球协会副主席、中国女排前主教练、中国排球学院院长、北京师范大学郎平体育文化与政策研究中心主任、国际排联教练委员会委员。2002年，郎平入选国际排联排球名人堂，成为亚洲获此殊荣的第一人。荣获“影响世界华人大奖”，获评“感动中国2016年度人物”、全国三八红旗手等。

adidas
FIVB VOLLEYBALL WOMEN'S WORLD CUP
CHAMPION 2019

女排在过去42年时间里一共获得过10次世界（奥运）冠军，郎平作为运动员、教练员就参与了8次。

站在曾经辉煌过的地方，依然能够一次次铸就辉煌。为什么郎平能写下这样的人生传奇？她说，身穿印有“中国”二字的球衣站上赛场，我们的使命就是升国旗，奏国歌，这是我一辈子的热爱和责任。2018年12月18日，中共中央、国务院授予郎平“改革先锋”称号。

梦想启航

1978年12月10日，泰国曼谷亚运会第一个比赛日，中国女排迎战韩国队。

那一天，是郎平的18岁生日。

1976年进入北京青年队的郎平，1977年入选北京女排，1978年10月上调国家队，这个高瘦青涩的女孩在三年内完成了“三级跳”。不仅如此，入选国家队刚刚两个月，她又获得了第一次代表祖国出征大赛的机会。

时间过去了40多年，郎平还记得当年第一次身穿胸前印有“中国”二字比赛服上场的心情——“感觉像做梦一样。那时候我们球衣上的‘中国’两个字特别大，我总是忍不住低头看，一想到这是代表国家，我就觉得特别光荣，一定要好好打，要对得起球衣上‘中国’这两个字。”

那场比赛，初出茅庐的郎平强攻频频得手，中国女排3比1战胜对手赢得开门红。当时恐怕没有人能想到，这个18岁的年轻人即将开启排球历史上的一个传奇时代，当然更没有人知道，“升国旗，奏国歌”的梦想已经在这个初登国际赛场的小球员心中扬帆启航。

成功的路从来不是一帆风顺的。没过两天，在和日本女排争夺亚运会冠军的比赛中，郎平“哑火”了，没有发挥出高点强攻的优势，中途就被换下，中国女排0比3输给日本，“冲出亚洲”的愿望再次搁浅。

这场比赛是向国内实况转播的，比赛结果令人大失所望。回国后，中国女排收到了很多群众来信，有鼓励的，但更多的是批评。年轻的郎平成了被攻击的目标，有人甚至在给女排的信里讽刺郎平是“不成器的北京4号”（郎平在北京队穿 4 号球衣)。

郎平曾在接受采访时说:“我被刺激得满脸通红，那种刺激，激发我更加刻苦地训练。”

郎平一辈子都忘不了那段“每天走进练习馆腿就发抖”的日子，上下午的正常训练结束后，教练还要安排她加练，练完有时真的吃不消了，只能让同伴架着她走出训练馆……当年的队友张蓉芳曾说:“郎平训练有股劲头，每天训练完，她都要加练、补课，但她特能吃苦，从不喊累。”

每一天都在为“升国旗，奏国歌”而努力，主教练袁伟民常常问她们:什么是世界冠军?答案是:世界冠军就是当别人都累得倒下去了，你还能咬咬牙，摇摇晃晃站起来……

一年以后站上亚锦赛赛场的郎平，已经成长为弹跳出色、力量出众、手法多变的全能主攻。作为绝对主力，郎平为中国女排战胜日本女排、首次赢得亚洲冠军立下汗马功劳。

那是郎平身穿印有“中国”二字的球衣第一次在国际赛场上“升国旗，奏国歌”，她确信那种强烈的国家荣誉感和民族自豪感值得自己毕生为之努力。

1981 年，中国女排以七战七捷的优异成绩荣获世界冠军，实现中国三大球的历史性突破，一个十分需要胜利鼓舞和世界认可的中国就这样被中国女排点燃了，激动的人群聚集在天安门广场彻夜高呼:“中国万岁!女排万岁!”

不满 21 岁的郎平和她的队友敢打敢拼、为国争光的事迹被争相传颂，在那个经济尚不发达、国门刚刚打开的年代，中国女排让全世界看到了一个蓬勃向上的中国，也让国人从中汲取振奋和自信的力量，成了改革开放之初激发国人艰苦奋斗的精神动力。

“国家需要你”

1998 年 12 月 10 日，在泰国曼谷，作为中国女排主教练，郎平又在亚运会的赛场迎来生日。这是 38 岁的郎平担任中国女排主教练的第四年，让她放下年幼的女儿毫不犹豫接下这份压力巨大工作的原因，只因为一句“郎平，祖国真的需要你”。

“作为一个人，我们都很渺小。但是当有人代表国家对你说，国家需要你，你还能无动于衷吗？”她在自传中曾这样写道。

那是作为教练的郎平第一次回归，她用行动诠释了女排精神。

刚接手中国女排时，需要做的工作太多，郎平每天都要忙到很晚才能休息，不到40岁的她身体几近透支，用辛苦换来女排实力的迅速提升。不到一年时间，中国女排就重新焕发活力，不仅夺回了亚锦赛冠军，还摘得世界杯铜牌。1996年亚特兰大奥运会，中国女排击败当时实力强劲的俄罗斯队获得亚军，实现了中国女排低谷奋起的一次大飞跃。郎平把已经降至世界女排八强边缘的中国女排拉回到奥运决赛的舞台，带领中国女排再次走上复兴之路。

2012年伦敦奥运会，中国女排无缘四强，两个月后又输掉了仅剩的一个亚洲杯冠军头衔。在这支冠军之师又一次遭遇困局时，人们又想起了郎平，希望她能再次出手相助。

此时，53岁的郎平经历多年征战已是一身伤病，因为运动造成的创伤，她先后做过10次手术，医生多次建议她尽早完成置换两侧髋关节的手术。但一句“国家需要你”，让她和18年前一样毅然决然地在中国女排最困难的时候出山——“作为老女排的一员，我还在一线，我觉得自己有责任再为中国女排做些事。”

郎平把第二次出山看作一次探索，她一上任就推行“大国家队”的理念，在全国范围内海选新人，希望给更多女排队员身穿国家队战袍为国征战的机会。她大力发掘和培养新人，朱婷、袁心玥等一批新秀迅速接班，中国女排只用一年多时间就杀进世锦赛决赛，两年重回世界之巅。

2016年里约奥运会，中国女排出师不利。在关键的八进四淘汰赛前，郎平激励队员：站在国际赛场上，我们代表中国，这是一种神圣的动力。

“全场都是给巴西队加油的球迷，但是别觉得孤单。我们中国女排有多少球迷呢，怎么说也有几亿吧，这么多人在给我们加油，我们不孤单！”

2016 年里约奥运会，第四次征战奥运会的郎平带领年轻的中国女排逆袭登顶，续写传奇

郎平悄悄做好了最坏的准备，赛前训练结束，她安排助理教练在队员们离开后，把自己带来的一半训练用球放了气收起来，助理教练问为什么还留一半，她答："比赛开始前，机会就是一半对一半。在最后一球落地之前，我们都有机会。"

坐在开往赛场的大巴车上，郎平在自己临场指挥的笔记本子上写了一句话："顽强拼搏是中国女排的名字！我们永不放弃！"

结果，郎平带领姑娘们苦战五局成功逆袭战胜东道主，也是卫冕冠军的巴西女排，最后一路杀至冠军宝座。

时隔 32 年，郎平带着新一代中国女排用她们在极端困难中的坚强乐观、在重压之下的果敢、勇气和坚持再次感动中国。

"女排精神"又一次成为时代热词，郎平给这种精神以全新的诠释："女排精神不是赢得冠军，而是有时候知道不会赢，也竭尽全力。是你一路虽走得摇摇晃晃，但站起来抖抖身上的尘土，依旧眼中坚定。"

"升国旗，奏国歌"

2018 年 12 月 18 日，庆祝改革开放 40 周年大会在北京隆重举行。刚刚过了 58 岁生日的郎平身着一身干练的西装出现在人民大会堂，作为塑造和传承女排精神的优秀代表，郎平获得中共中央、国务院授予的"改革先锋"称号，可以说这是对她 40 年不懈奋斗的排球人生最好的褒奖。

"一个人的成长脚步能与国家的进步发展同步，这是我人生的幸运。"郎平说。

此时的郎平，已经成为作为球员和教练都获得女排奥运冠军的世界第一人，但是她强调：拼搏的人生没有终点，中国女排永远在路上。

整整两个月前，2018 年世锦赛半决赛，奥运冠军中国女排苦战五局不敌上升势头迅猛的意大利队，无缘决赛。很多人以为郎平会掉泪，毕竟以她的年龄，这很可能是她的最后一届世锦赛，可是她一直保持着笑容。在混合区接受采访时，她从容淡定，表示比赛还没有结束，一定要善始善终，打好铜牌争夺战。但是她回头一看，好几个队员哭了，没掉眼泪的队员看上去也很沮丧。拼到这个份上没有拿下来很可惜，郎平很理解队员们的心情，但是她更知道这个时候最要紧的是鼓励队员们赶紧打起精神：“明天的铜牌战也很重要，打到今天，成绩都是我们一场一场拼来的，不能说没有希望夺冠了，我们就没有精神，没有信念了。”

回到驻地，郎平第一时间把队员们召集在一起。

“孩子们，比赛还没有结束。不能奏国歌了，咱们还要努力把国旗升起来！”

郎平的话，振聋发聩，充满力量。刚才还一个个表情黯淡的姑娘们，眼里瞬间又有了光芒。

第二天，姑娘们擦干眼泪，再上战场，3 比 0 赢下最后一个对手荷兰，她们用行动回答：女排精神不是赢得冠军，而是有时候知道不会赢，也竭尽全力。

一年后，在新中国七十华诞前夕，郎平再次率领中国女排出征。

世界杯首战，中国女排直落三局战胜韩国队迎来开门红。赛后接受采访时，郎平激动地表示：“只要穿上带有‘中国’的球衣，就是代表祖国出征。每一次比赛，我们的目标都是升国旗，奏国歌！”

从 1978 年“升国旗，奏国歌”的梦想在初出茅庐的郎平心中萌芽，40 多年的时光匆匆而过，如今，年过花甲的郎平完全记不清自己有多少次用拼搏和努力让国歌在赛场奏响，让五星红旗高高飘扬，但是她敢肯定，自己每一次身穿胸前印有“中国”的球衣，都做到了全心投入，不负使命。

从当年攻无不克的“铁榔头”，到赛场上决胜千里的“郎指导”，郎平一次又一次，用不懈的奋斗为中国女排开创了最好的时代。

（文／马寅　编辑／中国妇女杂志社　王梓蓉）

胡小燕：顺应时代节拍，逆袭命运剧本

2018 年 12 月 18 日，胡小燕被中共中央、国务院授予“改革先锋”称号。2023 年，胡小燕已年近半百。从四川山区的农家女，到南下拼搏的打工妹，再到“背后站着两亿多农民工”的全国人大代表……她似乎拿到了“逆袭改命”的酣畅剧本。但回顾来时路，她却总是平淡而谦卑地说：“我只是个时代的幸运儿而已。”

2 万元“逼”出来的打工妹

论人生的“起点”，胡小燕并没有受到命运女神的青睐。20 世纪 70 年代

胡小燕：被授予“改革先锋”称号。广东省佛山市三水区工商业联合会（总商会）专职副主席、副会长，新明珠建陶工业有限公司成品车间原副主任、销售总助。2008 年第一批当选全国人大代表的农民工，获评“改革开放中涌现的优秀农民工代表”。

的四川农村，闭塞贫穷，重男轻女。胡小燕家只有姊妹三人，因为“没有男娃娃”备受歧视。刚刚初中毕业，她就不得不辍学在家务农。

或许是身为长女的责任使然，或许是心里憋着一股气，胡小燕身上有股不服输的“烈性”。“我和二妹两个人，种一家五口的地，比村里的男孩子种得还好！”原本，她已经接受了春种秋收、结婚成家、生儿育女的“剧本”，可新的考验从天而降。家人生病，自己也在生产时遭遇难产、大出血。胡小燕从“鬼门关”捡回一条命，身上陡然背上了2万元外债。这笔钱在当年足够建一栋楼房，靠丈夫一个人在外面打工，不知道要到何年何月才能还清。看着襁褓中的双胞胎女儿，24岁的胡小燕决心放手一搏：“死都死过一回了，说什么也得活出点样子来！”

1998年，双胞胎女儿还不到2岁，一天中午，趁着她们熟睡，胡小燕收拾起简单的行囊，踏上了南下打工的列车。2万元，“逼”着她勇敢地斩断世世代代和土地的牵绊；38小时，绿皮车晃晃荡荡，带着她从大山到佛山。家乡从此被甩在身后，眼前的城市灯红酒绿，但未来，并没有想象的那么璀璨。

没知识、没技能、没经验，不会骑自行车也不会说普通话……足足三个月，胡小燕都没有找到工作，她和丈夫与另外三对夫妻挤在一间只有14平方米的合租房里，勉强栖身。她做过电子厂流水线上的工人，每天工作12小时，每月却只能赚到500元左右；她在陶瓷厂分别做过窑头、窑尾的工作——广东的三伏天，窑口的温度超过60摄氏度，脖子上的痱子被汗水蜇得直淌脓血，她依然要穿着厚厚的工作服忙碌。她的妹妹至今想起第一次到佛山陶瓷厂看望她的场景，还心如刀绞：“刚出窑的砖很烫，有1200多度，她戴着两副手套搬砖、分砖，手上还是烫出了很多血泡……”

作为当时改革开放的前沿，广东用一个又一个奇迹，让世人看到“敢闯敢干”的力量。被这样的力量推着，胡小燕找到了重要的“突破口”——技能。“只有掌握一技之长，你才有挑选别人的本事。”她将每一天分成三个8小时，上班8小时，休息8小时，剩余的时间她都用来“偷师学艺”，早来晚走、用心揣摩，一点点学会了陶瓷行业重要的淋釉、印花和分选等手艺。

随着自己技艺的日趋精湛，胡小燕的眼界慢慢开阔，可施展的舞台也越来越多，几年时间，她“跳”了4家陶瓷工厂，工资慢慢涨了起来。

最难走的路，往往是上坡路。胡小燕至今还记得那段艰难岁月：“当年买菜都要赶菜市场收市时才去，因为那时最便宜，精打细算，每一分钱都攒下来，直到2001年，我们终于把债还清了。”

2088封邮件压不垮的新代表

跨越低谷，未必能迎来一马平川，但一定能增长解决问题的智慧。2002年，胡小燕进入佛山市三水新明珠建陶工业有限公司，“能者上、平者让、庸者下”的企业文化深深印在了她的脑海中：“这是个鼓励进取、鼓励奋斗、鼓励有才能的人尽情施展的时代，我也可以找到自己的机会！”

机会总是垂青有准备的人。穿越金融危机的风暴，不少中国企业都攒足了劲儿准备大展拳脚，胡小燕所在的陶瓷厂也因为扩建，开始不拘一格征集、选拔人才。技艺精湛、工作勤奋、责任心强的胡小燕抓住了机遇。从普通的分级员，到跟班质检、总质检，直到成品车间副主任，当年想都不敢想的“四级跳”，胡小燕只用了短短3年。但她还是“不安分”，斥5600元“巨款”买了笔记本电脑，从五笔打字练起，学电脑、开博客，还参加了工厂和中央党校联办的行政管理专业大专函授班……更大的世界突然近在眼前，胡小燕半开玩笑地说：“从小山村来到大城市，我这只‘小麻雀’就算变不成‘金凤凰’，至少也能变成‘大麻雀’了吧！”

能力越大，责任越大。随着佛山市“十佳外来工”等荣誉纷至沓来，胡小燕慢慢成了“标杆”。2007年，全国人大五次会议决定，农民工比较集中的省、直辖市应该有农民工人大代表。次年，胡小燕幸运当选——在广东省投票选举全国人大代表的会议中，773名代表中的740名都把票投给了她，而她也从此成为首批3名农民工全国人大代表之一，成了“背后站着两亿多农民工”的人。

可人大代表到底是怎么回事？胡小燕并没有系统的认知，曾经有位外国记者问她：“当选人大代表后，你将怎样参政议政？”她实话实说：“我还不太知道，请您包涵。”调研、建言、履职……这些名词对她来说太过陌生，但农民工群体她是熟悉的，“我自己就是农民工，我和大家生活、工作在一起，我知道他们需要什么、担心什么，我想，我只要帮大家说话、做好桥梁纽带，如实反映问题就对了。”

2008 年 3 月，胡小燕人生中第一次来到北京，大会开幕那天，她身穿工作服满怀激动地登上人民大会堂的阶梯：“别人跟我说要穿正装，可我觉得工作服就是我的身份标签，我代表了全国几亿农民工。”

作为“中国最有名的农民工”，初次参加两会的胡小燕带来了关于“优化农民工生活和技能环境以及解决留守儿童教育问题”的建议。那天，温家宝总理正好参与广东代表团的分组讨论，他边听边认真记录，不时向胡小燕询问相关问题的实际情况，最后还亲切地对她说：“你提了这么多好的建议，你的梦想会实现的。”

胡小燕说，唯有奋斗，才能让梦想开花

第二天，大幅照片见报，胡小燕一夜成名，但她心里非常清醒：“大家关注的并不是我个人，而是我背后的农民工群体，所以，我更要勇敢发声，替大家把心里话说出来。比如，我之所以说到留守儿童的议题，是因为这就是我心里最痛、最难的结。”胡小燕回忆起数年前小女儿在四川老家突发急病住院的经历，“从凌晨 4 点住院，到下午 4 点都没醒过来，但是我分管的生产线正好快要投产、出砖，我得对那条生产线负责，我实在是走不开啊……”时隔多年，她对当时的两难处境仍记忆犹新。从那时起，留守儿童的生理安全、心理安全成为她心头的大事，而这也是所有有孩子的农民工共同的牵挂与纠结。

借着媒体报道的机会，胡小燕公开了自己的电话号码和QQ号码，希望能够收集更多真实的农民工心声。可没想到，成百上千个来电和短信让她应接不暇，手机话费最高的一个月达到1400元，占她月工资的三分之二，电子邮箱也时时爆满，最多的一天竟然涌入了2088封邮件。有人托她帮忙讨薪，有人想请她介绍工作，有人希望解决孩子到城里上学的问题……最初，胡小燕努力做到事事有回应、件件有追踪，但她只有一个人，浑身是铁能打几颗钉？每天凌晨三四点，手机铃声还是不断响起，甚至有人换了几部电话只为打给她闲聊，严重影响了她的工作和生活。无奈之下，胡小燕只好有选择地关机，这下可惹来了轩然大波，不少农民工情急之下口不择言：“你假惺惺地公布号码又不接电话，不是耍人玩吗？”有些媒体也对她口诛笔伐，说她沽名钓誉是个“大忽悠”。一时之间，指责、嘲讽不绝于耳。

一次，丈夫无意中看到胡小燕手机上一条无端谩骂的信息，怒不可遏，让她赶紧换个号码，不要再理会这些事了。累积多日的委屈一瞬间倾泻而出，胡小燕号啕大哭。但擦干眼泪，她反而安慰起丈夫：“他们也是太难了才会这样说，咱也是农民工，这些辛酸咱都懂。要是我遇上问题得不到解决，我也会生气骂人的。号码不能换，说不准哪件事我还能帮上忙。”

对于人大代表这个新身份，胡小燕给自己的评价是“力不从心”，但倔强的她没有放弃，心中支撑她的信念唯有两个字——我懂。懂得农民工的痛苦和无奈，也懂得他们真实的需求，“他们太需要一个疏通和反映问题的渠道了”。

于是，胡小燕利用业余时间走访工友，前往工地、工厂调研，利用博客、QQ等工具收集更多群众心声，学着撰写建议，慢慢摸索更多更好履职的方法，希望能够在有限的任期中，最大限度为农民工群体发声。5年中，她一共提出了包括欠薪入罪、医保对接、异地高考、住房福利等20条建议，每条都是从自己身边的工友实际遇到的问题出发，每条建议都有回音。这让她刷新了对农民工问题的认知，也让她重新认识了自己："我意识到自己其实是有价值的，我也坚定了自己未来的奋斗目标，尽管一届人大代表的任期只有 5 年，但为农民工群体鼓与呼的责任，却是持续一生的。"

2009 年年底，中国农民工登上了美国《时代》杂志的封面，成为令世界钦佩的"中国面孔"，外国媒体评价说："中国在世界主要经济体中继续保持最快的发展速度，并带领世界走向经济复苏，这些功劳首先要归功于中国千千万万勤劳坚韧的普通工人。"

长久以来，中国的农民工群体似乎是沉默的，他们长久缺席了一个又一个重要的社会场合。但这一次，他们的力量，不但被全国人民记在心里，更成为全世界瞩目的焦点。

40 年改革大潮中的追梦人

2009 年，胡小燕和丈夫终于把两个女儿接到了佛山，虽然一家四口依然挤在向单位租来的狭小单人宿舍中，但"全家在一起平平安安过日子"，已经让她足够幸福。当然，要是能在佛山买一间自己的房子，那就更好了！胡小燕一边继续为农民工群体奔走，一边为自己的小日子努力着。

不管自己有多难，但对两个女儿的教育，胡小燕是舍得的，当时大女儿择校费每学期 2 万元，女儿自己都觉得太不值了，但胡小燕没有后退，尽管她们每个月的住宿费、伙食费已高达 3000 元，花光了胡小燕的工资还不够，她还是坚持着。因为她深知，只有知识才能改变命运。她大胆辞去了稳定的车间主任工作，从零开始，转岗普通销售。这不但能够"拼一拼"更好的薪酬，还能够接触更多建筑行业的农民工，胡小燕始终铭记着自己的代表身份。随着收入逐渐提升，她也听到了质疑的声音："你现在月工资都超过 4000 元了，还是农民工吗？"胡小燕坦然回应："当年我和大家一样，也是因为家里穷，才卷起行囊进城打工的。即使将来成为厂长经理，我也永远是一个农民工。"

干一行、爱一行、专一行、精一行或许是恒久不变的真理。兢兢业业的胡小燕被列入企业高管培养的后备人选。但同时，佛山市三水区总工会也向

从打工妹到首位农民工全国人大代表，胡小燕见证了中国改革开放的发展进程

她抛来了橄榄枝。经过慎重考虑，胡小燕选择进入工会工作。这个选择并不简单，因为这意味着她必须将过往经验全部归零，从头开始面对完全陌生的挑战。但胡小燕义无反顾："这几年我对许多事的认知都加深了，以前我不知道工会的作用，现在知道，到了工会，可以从很多现实的层面去帮助农民工，也能覆盖到更多人。"

有人说，"爱自己"是人生来就有的本能，但只有学会了"爱他人"，才能感受到最丰沛、最完整的情感。对于胡小燕来说，人生后半场的选择，或许就是这个让自己完整的"关键动作"。作为工会副主席，她联合社会力量开展了很多公益项目，比如，鼎鼎大名的"小燕暑期乐园"，就是专门服务外来务工人员子女的"传统品牌"，一直延续至今。此外，她还努力提升自己，自学函授法律事务，希望能够用知识武装头脑，与时俱进，切实为农民工解决问题。"我依然还是一个打工者，以前为企业打工，现在为群众打工。"胡小燕热爱自己的新身份，“因为能帮助到更多人，对我来说，这会带来更高的幸福感。”

2018年，庆祝改革开放40周年大会在北京举行，胡小燕被授予“改革先锋”称号。她又一次说起自己的“口头禅”：“我只是个时代的幸运儿而已。”1998年，改革开放的春潮带领她走出大山，而当时的她并不知道，那一年，四川省像她一样的外出务工人员超过800万人；2008年，努力提升自己的她成为全国人大代表，那些为追求美好生活努力在异乡打拼的农民工有了形象代言人；2018年，“改革先锋”的荣誉属于她，也属于和她一样，为中国的发展壮大立下汗马功劳的2亿多农民工。就在那一年召开的十三届全国人大会议中，农民工代表的数量，由最初的3名变成了45名，中国政治舞台上，属于农民工的声音越来越响亮。而蓬勃发展的中国，也越来越成为最适合筑梦、追梦的国度，每一个为更好生活不懈努力的人，都将在这里，被看见、被认可、被尊重。

如今，胡小燕还在路上，她的故事也在一代又一代后来人中传颂，让每个人都无比向往，但胡小燕说：“要记得，个人的成败永远和国家息息相关。只有顺应时代的节拍，才能畅享逆袭的剧本。”

（文／田甜　编辑／中国妇女杂志社　杨华）

第五篇
时代楷模

吴亚琴：心怀一团火　温暖更多人

吴亚琴是吉林省长春市宽城区团山街道长山花园社区党委第一书记，她扎根社区 30 年，始终“怀里揣着一团火”，立足社区，敬业奉献、矢志不渝、一心为民、无怨无悔。她创新实践基层社区治理“六治”经验在全国推广，总结的“社区工作 36 法”成为全国社区干部教育培训经典教材，培训全国社区干部 4 万余人次，为推进新时代社区工作者队伍职业化专业化建设作出突出贡献。2014 年 11 月，中宣部授予吴亚琴“时代楷模”称号。

2020 年 7 月 23 日，习近平总书记来到吴亚琴所在的长山花园社区视察时，称赞她“工作做得好”，要求把长山花园社区基层治理经验推广到全国。习近平总书记的肯定既是对她多年工作的鼓励，更化作她继续扎根社区、为民服务，

吴亚琴：被授予“时代楷模”“最美奋斗者”称号。吉林省长春市社区干部学院名誉院长、长春市妇联兼职副主席、长春市宽城区团山街道长山花园社区党委第一书记。党的十九大、二十大代表。获评全国三八红旗手标兵、全国优秀共产党员、全国五一劳动奖章、全国先进工作者、“中国小巷总理”之星、全国模范人民调解员等。

团山街道

为推进社区治理体系和治理能力现代化贡献力量的不竭动力。

想方设法为百姓排忧解难办实事

社区是党和政府联系服务群众的桥梁和纽带，也是社会治理的最基础单元。社区虽小，却连着千家万户，能够最直接、最敏锐地感知居民对美好生活的向往。

十年来，百姓身边最普通的小小社区，已经发生了治理巨变——更清晰的治理思路、更精准的治理体系，基层党组织炼就“坚强堡垒”，社区居民“交口称赞”，这其中离不开社区书记“跑断腿、磨破嘴”的努力和坚持。

吴亚琴所在的长山花园社区楼房区原是吉林省胜利零件厂的家属宿舍，当时正赶上国企改制时期，工厂的生存举步维艰，吴亚琴作为零件厂中层干部被下派到长山花园社区任职。小区环境差，人心涣散，加之物业不作为，矛盾一触即发。

一天早上，居民常某慌慌张张地找到吴亚琴说：“出大事了你管不管，有人把路给拦了！”原来，物业公司和居民“闹掰了”，居民拒交水电费，物业则停水停电，300 多户居民不管不顾要讨个说法，于是将主路给拦了，一时之间交通堵塞严重。

吴亚琴得知后第一时间赶到现场，晓之以理，并承诺一定将问题解决。事后有人说，要不是吴亚琴及时出面维持秩序，还不一定出多大事呢。在她的带动下，全体工作人员起早贪黑，成立“清欠临时管理小组”，仅用 10 天就收齐并结清拖欠的 20 多万元物业费，恢复供水供电，并解除了与物业公司的合同。后来她牵头成立了“居民事务志愿服务站”，大事小情都能通过服务站解决。

居民的心气也顺了，从大家的眼神里，吴亚琴看到赞许和认可。陆续有退休的老党员找到吴亚琴，希望她能肩负起改变社区的重任，并承诺愿意和她一起将社区建设得更好。老党员刘虎清更是在临终前握着她的手说：“亚琴啊，你可千万不能扔下这些父老乡亲不管呐！”面对老党员的嘱托，面对父老乡亲的信任，她在心里默默下定决心：一定要让社区有个家的样儿！

没有经费就捡瓶子，卖报纸；没有绿化就挖树苗，自己栽；没有路就捡砖头，自己铺。吴亚琴吃苦耐劳、真抓实干，带领党员居民自制 200 多块预制板，亲自上楼做防水；更换防盗门和塑钢窗、安装声控灯；向社会公开招标解决下水清掏；协调燃气公司安装燃气；修建健身场、翻修道路……在她的带领下，硬是将一个路差、房破、屋漏的“龙须沟”建设成了今天的幸福苑，只要居民有诉求，她就第一时间有响应，这一干就是 30 年。

“其实，基层治理无论采用什么方法，归根结底就是一个‘法’，那就是想方设法为百姓排忧解难办实事，带领居民共同创造幸福、传递幸福、共享幸福。”吴亚琴说。

依靠党员力量提升服务居民水平

“我认为基层治理最重要的就是加强党的领导。”吴亚琴始终坚持“党建引领社区治理”的工作总思路，坚持把党的建设放在工作首位，以政治引领为总抓手，从组织上、工作上、服务上、机制上对各类组织、党员、居民进行方向引领，依靠党员力量提升服务居民和社区治理水平。

2002 年，吴亚琴带领党支部一次性接收 194 名企业退休党员回归社区，开创了全国社区成规模接收企业回归党员的先河。

吴亚琴坚持将党建工作与网格化管理有机结合，打造社区党委—网格党支部—楼栋党小组—党员家庭户的四级党建网络工作体系，实现横向到底、纵向到边，党组织全覆盖。通过党员认岗认责、每月 15 日党员集中理论学习、党内关爱制度、大党委制等系列实践，充分调动广大党员建设家园的积极性，提升党组织的战斗力、凝聚力。

吴亚琴总结了“1+6”服务居民经验，坚持把“双引领双服务”作为党员管理和服务的总抓手，通过党组织引领党员、党员引领群众，党组织服务党员、党员服务群众的方式，让党员冲锋在前、示范在前。

如今，在长山花园社区，无论大事小情都按“四议”步骤决策实施，即社区党委提议、社区“两委”商议、党员和居民群众代表审议、社区公示决议，形成了“社区党组织领导、社区居委会主办、居民广泛参与”的民主协

吴亚琴（左三）与居民一起除雪，清理道路

商治理机制。

就拿燃气改造来说，由于楼房建设年份较早，居民用液化气罐做饭有较大安全隐患，他们对于燃气立项的呼声一直很高，然而燃气公司没有单独和社区进行燃气立项的先例。社区党委组织党员和居民代表多次往返燃气公司进行协商，终于感动了燃气公司，谈成了立项。可新的问题又出现了，根据国家规定，燃气初装需要每户居民缴纳 3300 元的燃气初装费，这对贫困社区来讲是一笔不小的费用，收费成为新难题。

面对这种情况，社区网格长、楼栋长、单元长轮番苦口婆心劝说居民，挨家挨户走访、起早贪黑做工作，却常常被拒之门外，有的居民家甚至要走访一二十次。社区工作者不气馁、不后退，坚持为居民服务的理念，最终将全部费用收齐，彻底改变了楼房区使用煤气罐的历史，家家户户用上了环保安全的燃气。

从 2017 年到 2019 年，在各级党委政府的大力支持下，相继实施旧城改造、暖房工程等一系列惠民工程，社区党委组织广大党员、居民积极参与社区建设和治理，他们踊跃担当监督员、质检员、联络员。通过与政府部门协商、与单位协商、与居民协商，社区党委解决了一大批老大难问题，如取缔加气站、采用集中供暖、亮化美化楼道、更换防盗门塑钢窗、改造下水管网等，实现从为民做主到由民做主的改变。

如今，长山花园社区的房子暖了、道路宽了、环境美了，广大居民听党话、感党恩、跟党走的信心和决心更加坚定。

以心换心，始终做居民的贴心人

社区工作繁重琐碎，面对一老一小、社会闲散人员等，吴亚琴一直奉行着“居民就是我亲人”的服务理念，把社区当家，把居民当亲人。

对待老人，吴亚琴用真情。大胆创新了居家养老模式，创新家庭自助式、邻里互助式、功能输出式、外力援助式等多种服务方式，成立了“康乐之家老年服务中心”，建立了十分钟助老服务圈，面向社区老人开展送理发、送医药、送配餐、送洗澡、送欢乐、送心理疏导、送临终关怀等“十送”服务。

对待孩子，吴亚琴用真爱。建立“护苗工程”“未成年人七大保护”等帮扶机制，并主动联系爱心企业对困难学生长期结对包保，帮助社区 400 多名青少年健康成长，筹集 100 多万元让 76 名学子完成学业，帮助青少年迈好学业第一步。这些孩子都亲切地唤她一声“吴妈妈”。

对待有就业困难的失业人员，吴亚琴用真心。在充分了解失业人员所思所想、所需所求后，本着“需要什么，培训什么；缺什么，补什么”的原则，积极联络并组织志愿者，根据居民的实际需求量身定制、量体裁衣，开办技能培训班，帮助他们重新拾起生活的信心，实现再就业。同时为他们提供“项目帮参、场地帮选、资金帮筹、技术帮教、执照帮办、困难帮解”服务，先后帮扶 1000 多人重新上岗、100 多人当上老板，实现了充分就业。

面对社区居民发生的各种矛盾纠纷，吴亚琴通过多年的积累和总结，形成和面团法、釜底抽薪法、见缝插针法等“民事调解十二法”，成为调解居民矛盾纠纷的有力抓手，经她调解的案例达 800 余起，调解成功率 98%，吴亚

吴亚琴（右一）进户走访居民，关心其生活与健康

琴因此两次荣获“全国模范人民调解员”。

通过用情、用爱、用心服务，吴亚琴得到广大居民的信任和支持，很多老年人存款、立遗嘱、分家产，第一个想到的就是吴亚琴。吴亚琴还建立起社区遗嘱库，为老人存放文字或录音遗嘱。至今，已经有 236 名老人向遗嘱库递交了遗嘱，老人们都说，由吴亚琴管我们的“身后事”，大伙放心！

为提升社区居民法律意识、法律观念，吴亚琴带领全体党员、居民努力学法、懂法、用法、守法、不违法。长山花园社区连续 12 年实现零上访、零犯罪、零吸毒、零辍学、零家暴、零诈骗、零矛盾升级、零治安案件、零就业家庭动态为零的“九零”社区。

吴亚琴不但把长山花园社区治理得井井有条，她还惠及社区周边乃至长春市和吉林省。在省、市、区各级党委及政府的大力支持下，依托吴亚琴工作站，开展导师制培训，开班 125 期，培训来自白山、农安、九台、双阳等地学员近3万多人；开办丽人学堂，帮助300多名妇女上岗再就业；开设早教课堂，让城乡接合部的年轻父母受益，截至目前受益3000多人次；打造社区“六大基地”，接待香港、浙江、天津、河南等地以及摩尔多瓦、乌干达、日本等国参观、学习、交流10万余人次。

30年坚守，有多少日夜，就有多少道沟坎；有多少故事，就有多少份真情。吴亚琴说：“30年前，居民选择了我做他们的当家人，30年中，我选择了坚守自己的岗位，倾听居民群众对美好生活的呼唤；带领党员居民努力拼搏，创造幸福，传递幸福，共享幸福。30年后，我选择为他们的美好生活而继续努力奋斗！”

（文／睢越婷　编辑／中国妇女杂志社 申敏夏）

贠恩凤：永远为人民歌唱

“学习雷锋好榜样，忠于革命忠于党……”

2023 年 3 月 3 日下午，西安市碑林区南院门 106 号院内飘荡着悠扬欢快的歌声。和群众一起歌唱的，正是 80 多岁的歌唱家贠恩凤。

说起贠恩凤，西安人民都不陌生，她常常出现在街头巷尾、公园车站，用歌声为大家送来祝福和慰藉。2015 年 10 月，中宣部授予她“时代楷模”称号。

南院门蒲公英志愿者服务站站长赵会新对前去采访的记者说：“贠恩凤老师每次接到邀请，都会来给大家义务演出，是大家心目中的‘活雷锋’。在第 60 个学雷锋纪念日到来之际，我们开展志愿服务活动，专门请贠恩凤老师来

贠恩凤：被授予“时代楷模”“最美奋斗者”称号。中国著名女高音歌唱家，国家一级演员，国务院政府特殊津贴获得者。荣获全国五一劳动奖章、全国优秀文艺工作者、全国先进工作者等称号。

给大家唱唱歌、鼓鼓劲。”

唱完《学习雷锋好榜样》，贠恩凤又和大家一起高唱《我和我的祖国》。

“每次听到贠恩凤老师唱歌，就感到心里格外敞亮。”64 岁的居民王应龙说。

革命就是为人民服务

1951 年，刚刚小学毕业的贠恩凤因为百灵般的好嗓子被选中到西北人民广播电台（前身为延安新华广播电台）文工团工作。11 岁的贠恩凤到了文工团后，当时的团长余景儒让她唱一首歌来和团里的其他同志认识，贠恩凤的歌声顿时吸引了文工团的所有同志，大家纷纷夸赞她清脆干净的歌声。不料这时贠恩凤却对余景儒说：“我要回家。”余景儒告诉她：“到团里就是参加革命来了，要遵守团里的制度，平时不能回家，只有周六才能回家。”贠恩凤听了这番话似懂非懂，她睁大眼睛问道：“啥是革命？”余景儒对她说：“革命就是为人民服务。”

几十年后，当贠恩凤再次回忆起那天的对话时，依旧充满感激。她感慨地说：“‘革命就是为人民服务’，这句话让我受用一生。”

贠恩凤这一生最主要的舞台在群众之中。1965 年 6 月，贠恩凤被借调到中国广播艺术团，赴苏联、保加利亚、罗马尼亚、捷克斯洛伐克等东欧国家进行文化交流演出，11 月底返回北京，12 月在北京西郊某部队礼堂向周总理汇报演出。演出结束后，乐队奏起欢快的乐曲，周总理邀请大家跳舞，他对贠恩凤说：“你的名字里有个‘恩’字，我的名字里也有个‘恩’字，你要为人民歌唱，我要为人民服务。你的民歌唱得很好听啊！今后你要多唱民歌，人民是喜欢民歌的。”贠恩凤深深点了点头，在心里记住了这些话。从此，她的足迹遍布三秦大地，工厂车间、山区煤矿、田间地头、部队军营、铁路隧道、医院病房、学校甚至监狱……每到一处，她都用自己美妙的歌声给人们带去欢乐。

20 世纪 80 年代，贠恩凤因目睹一些青少年走上歧途转而将目光投向公益事业。1983 年春天，贠恩凤先后到西安市工读学校和青少年劳教所，为孩子们教唱歌曲《没有太阳就没有鲜花》。从那以后，贠恩凤便常常到西安市工读学校教唱歌曲，辅导孩子们演出。

西安市工读学校的学生都很爱戴贠恩凤，亲切地称她“贠妈妈”。一名叫王小平的女生写了一首诗送给“贠妈妈”，诗中这样写道：“听着您的歌声／就仿佛看到您美好的心灵／您的心灵就像您的歌声／字字句句都在激励着我们前进……当我们看到您满怀信心为我们歌唱时／有一股悔恨的泪水向上涌……”

在贠恩凤的影响下，这名女生很快回归社会。在见到一个又一个孩子走上光明的道路后，贠恩凤坚定了一直为学生们唱歌的决心。1987 年，贠恩凤再次到工读学校演出时，语重心长地对学生们说：“我希望大家努力学习，改错学好，为将来做一个对社会有用的人，做一个有理想、有道德、有文化、有纪律、热爱祖国的一代新人而努力！”

1991 年，贠恩凤被聘为陕西省女子监狱的教育顾问，从这一年开始，贠恩凤每年除夕或正月初一都到这所监狱演出。贠恩凤每次唱完歌，都会与犯人们促膝谈心，讲做人的道理，讲社会责任。很多犯人在听到贠恩凤的歌声

贠恩凤和老伴孙韶春节期间在西安兴庆宫公园里为群众演唱

贠恩凤用歌声祝福祖国

后，都流下了眼泪，还有很多犯人当场表示以后要好好做人。

1991 年 4 月 18 日，贠恩凤与其他艺术家到西安市看守所为在押人员举办“回头是岸”专题演唱会。贠恩凤在舞台上，深情地说道：“你们虽然犯了罪，但人民没有忘记你们。苦海无边，回头是岸，浪子回头金不换，我真诚地期望你们认真改造，早日回到我们中间来！”她说完这些话流泪了，台下起初一片寂静，接着响起抽泣声，很快哭声响彻大厅……

让迷途者知返，让孤弱者有助。

1992 年 3 月，“向孤残儿童献爱心”活动在西安市儿童福利院举行。室外寒风凛冽，大雪纷飞；室内歌声飘荡，暖意融融。在活动中，贠恩凤给孩子们演唱了《南泥湾》等歌曲，并把自己随身带的钱全部捐给了孩子们。

从 20 世纪 90 年代开始，贠恩凤和丈夫、国家一级作曲家孙韶连续 17 年在春节时到基层为坚守工作岗位的劳动者进行义务演出。常常是刚结束火车站的演出，又赶去市公交公司继续演出，忙完后往往已是下午。谈到这些事，贠恩凤动情地说：“这么多年来，如果不去给群众慰问拜年，我们反而不习惯。我 90 岁的老父亲每到快过年的时候就问我：‘恩凤，今年到啥地方慰问啊？’我每次都给他老人家说得清清楚楚的。你想想，公共汽车司机和售票员，有机会和家人一起过年吗？人家也是人，不仅不能回家过年，跑起车来连去厕所的工夫也没有。我想，给他们拜年、唱几首歌，让他们也有一份新年的快乐，最起码他们这一天的心情会好一些。”

2001 年，张海迪致信贠恩凤：“您的歌被人民喜爱，因为您是人民的艺术家。只有扎根在人民这块土地上，艺术家才能保持蓬勃的生命力。”

永远做一名为人民放歌的义务工

1997 年 5 月，在蒲白矿务局的演出现场，贠恩凤对观众说：“你们一定想知道，我这次演出要收多少钱？”观众席立刻安静下来。

“我一分钱也不要！”贠恩凤说。观众席掌声雷动。

为群众演唱，贠恩凤从来不拿一分钱。她常说：“是党和人民的培育，才让我有了今天。我所做的一切，完全是为了回报社会和人民。我心甘情愿一辈子做一名为人民放歌的义务工。”

贠恩凤应邀参加教师节演出。父亲叮嘱她：“给教师演出，可不能要钱。”她回答：“您放心，无论在哪里演出，我都不会要钱。”

在西康铁路建设工地演出时，负责人要给她报酬，贠恩凤说：“筑路工人在那样艰苦的环境下劳动，我唱几首歌算个啥。”

在青海参加西部歌会，工作人员按规定付给贠恩凤演出费用，贠恩凤坚决不收。“您不收钱，我怎么向领导交代？”工作人员急了。“收了钱，我怎么向群众交代？”贠恩凤说。

抚养 3 个孩子，赡养两位老人，全靠贠恩凤和丈夫的工资；贠恩凤生活节俭，一件自己织的红毛衣，她缝缝补补穿了 20 多年；1986 年，儿子结婚，她和丈夫只能拿出 500 元。

“尽管我的生活并不富裕，但我感到非常幸福。群众称我是‘人民歌唱家’‘和我们心连心的演员’，我觉得这就是最大的光荣、最大的收获。”贠恩凤说。

2014 年国庆期间，贠恩凤和家人去陕西富平县游玩，在柿园遇到几个果农。果农一眼认出了贠恩凤，希望可以听她唱歌。贠恩凤马上为他们演唱了 3 首最受欢迎的红色歌曲。

过了 80 岁，贠恩凤仍坚持为群众歌唱。对于群众的邀请，她从不拒绝。

2021 年 1 月 15 日，贠恩凤在凛冽的寒风里，为西安的环卫工人演唱抗击疫情歌曲《飘香的黄玫瑰》，唱哭了在场的许多人。“贠恩凤是第一个专程来为我们唱歌的歌唱家，让我感受到自己没有被忘记。”一名环卫工人流着泪说。

“我这一生是非常幸福的，因为别人为人民服务都是间接的，而我是直接和群众在一起，群众和我之间这种真挚的感情，更加鼓励了我，我不能对不起群众。我时刻将人民放在心中，坚定地走民族化的艺术道路，人民需要什么，我就唱什么，人民群众的欢迎和认可，就是我最大的幸福。虽然我已经 80 多岁了，但我将永远为人民歌唱，永远歌唱人民，真诚回报这片生我养我的黄土地。”贠恩凤说。

群众在哪里，舞台就在哪里

2002 年春天，贠恩凤到靖边县参加下乡采风演出。演出进行到一半时，天气突然大变，漫天飞沙，还下起雨来。贠恩凤不顾扑面而来的风沙和雨点继续演唱，在沙尘和雨水的袭击下成了"泥人"。她从台上走到群众中，大家随着她一起唱着歌。一位中年妇女拉住贠恩凤的手说："今天总算见到你了，做梦都没想到。"

2006 年，67 岁的贠恩凤退休了，但她仍坚持为人民歌唱。哪里需要她，她都义不容辞。

2014 年 7 月，贠恩凤到西安市灞桥区狄寨街道狄寨村为村民演出。当时，夏收刚结束，村民们正忙着在田里抢种。预定的演出时间到了，村民们还没从田里回来，贠恩凤说："我们等乡亲们忙完吃过饭再演出。"

演出开始时已是晚上 9 点多。村民在台下高兴地喊："贠恩凤！贠恩凤！"她银铃般的歌声在夜空中飘荡，每唱完一曲，村民就使劲鼓掌。

贠恩凤 75 岁生日时许下愿望："我现在唯一的心愿就是自己能够健健康康地多活几年，给人民再多唱几年歌。"

2020 年春节，新冠疫情暴发，80 岁高龄的贠恩凤拨通了著名诗人、词作家党永庵的电话，请他为老伴孙韶谱曲的抗击疫情歌曲作词。歌曲创作完成后，贠恩凤每天在家中练习，希望在疫情结束后能够给工作在一线的医生护士、社区志愿者、环卫工人等演唱。她说："愿把歌声献给所有抗疫英雄，表示我们深深的敬意。"

从艺 70 余年，贠恩凤演出 6000 多场，绝大部分献给了基层群众，用歌声给人们带去欢乐和美好、希望与阳光。

贠恩凤说："艺术家的生命属于人民。群众在哪里，我的舞台就在哪里。"

（文／高婧　张斌峰　马黎　编辑／中国妇女杂志社　王梓蓉）

黄志丽：奔赴法治中国的“诗与远方”

福建省漳州市芗城区人民法院党组成员、副院长黄志丽始终扎根基层审判一线，先后审结民商事案件6000余起，无一申诉信访，无一投诉举报。

“为民、公道、博学、崇德”是黄志丽追求的目标。她在一个个充满烟火气的案子里释法明理，滋润民心，是群众心中的知心法官。她总说：“不为民代言、不为民办事、不为民请命，就枉为人民法官。”2016年3月，她被中宣部授予“时代楷模”称号。2019年，被授予“最美奋斗者”称号。

从一个平凡的法官成长为全国优秀法官，有朋友劝她弃法从商，有企业向她作出高薪重用的承诺，有领导要把她调到上级单位，她都婉言拒绝了。因为她心里知道，这片土地上的群众才是她最深的牵挂。

黄志丽：被授予“时代楷模”“最美奋斗者”称号。福建省漳州市芗城区人民法院党组成员、副院长、三级高级法官。党的十九大代表，获评全国三八红旗手标兵、全国优秀共产党员、全国劳动模范、全国优秀法官、最美基层法官、全国先进工作者等。

良法善治　让法律更有温度

1972 年，黄志丽出生于福建省南靖县一个普通家庭，她从小痴迷金庸、古龙的武侠江湖小说，也喜欢海瑞、狄仁杰的传记传奇故事，并在心底种下一个“侠女梦”，一心想匡扶正义，扶危济困。

1995 年，漳州公检法系统首次面向社会公开招考，这让黄志丽找到了当“侠女”的机会，大学文秘专业毕业的她以总成绩第一的成绩考入芗城区人民法院。

刚入职时黄志丽担任书记员，一人跟着四个审判员，忙得像陀螺一样团团转。工作之余，她完成了法律专业学习，并逐步开始独立办案，并成长为明断是非的办案“快枪手”——平均年结案近 500 件，40% 三天内审结，70% 当庭裁判，93% 调解撤诉，75% 以上自动履行……这一串数字背后是她在专业业务上的不断精耕和对法律的敬畏。

在一起拖欠工程款纠纷中，某桩基施工公司起诉某建筑公司拒付十根桩基的工程款。原告仅有项目经理及施工工人的证人证言，证明因桩位下陷导致桩基消失。从已有的证据分析，原告证据不足，法院完全可以依照“谁主张，谁举证”的原则驳回原告的诉讼请求。

然而，在黄志丽看来，法律是冰冷的，但法官应该有温度。这个案件，调查研究至关重要，为了查清真相，她在庭审前做了 7 次询问。在翻看被告项目经理的询问笔录时，黄志丽发现被告项目经理曾表述确实存在桩位下陷的问题——“打了十根桩下去就不见了”。

抓住突破点后，黄志丽又向建筑业界人士进行多方请教，了解可能引起这种情况的原因。最后，她终于在测绘部门浩如烟海的旧档案里，找到了当年记载桩基消失情况说明的图纸。这件案子综合其他证据，判决被告支付原告工程款 92 万元。判决后，被告不仅没有上诉，还在 10 天内全额支付了拖欠的工程款。

公平正义的获得感与诉讼效率也存在密切的关系。为了提高审判效率，让当事人免于诉累，黄志丽善用程序指挥权，巧妙地将同种类型的案件和有调解可能的案件集中在一起调解、开庭，有时一天能安排五六起案件开庭，同时将送达、调解、调查、判决穿插进行，加快办案速度。“我们要尽可能减轻当事人诉累，哪怕法官累一点，也要让他尽快回到正常生活。”

黄志丽坦言，做一名基层法官着实不易，只有不断学习，心怀敬畏，在释法析理中努力让当事人胜败皆服。“只有当他们从我们法官的一言一行、审判调解等司法行为里面感受到公平正义，感受到法治的力量，他们才会去信仰法治。”黄志丽认为，这就是作为一名法官最大的职业成就。

多年来，黄志丽的抽屉里有厚厚的一摞证书和文件。为了准确把握每一个当事人的心理，她考取了心理咨询师证书，将心理学知识应用于司法；她考取了婚姻分析师资格证书，以活化调解方法……2010 年，黄志丽因业绩突出，被评为“全国办案标兵”，随后又相继获评“时代楷模”、全国三八红旗手标兵、“最美奋斗者”等。黄志丽用奋斗诠释法治的力量，让群众感受到良法善治的光芒。

互释交融　坚持法理情的统一

法官每一次开庭、每一次调解、每一份判决，不仅仅是厘清是非、定纷止争，还兼具修补受损的社会关系、抚慰当事人的心理创伤、召唤社会道德回归的职能。

很多时候，各种对立的情绪会引导纠纷向未知方向发展，而法官在当中所做出的努力可能会差之毫厘，谬以千里。多年的审判工作经验，让黄志丽不断总结反思，每起民事纠纷的背后往往还是人情道理，再亲的关系对簿公堂也会受损。

黄志丽刚办案时，曾受理过一起城中村乡邻纠纷案件，让她至今记忆深刻。原、被告是堂叔伯兄弟，两人因为一个猪圈的问题，弟弟占了哥哥 0.6 平方米的土地而被告到了法院。那起案件因为证据齐全，开庭的时候双方当事人对事实都没有争议，所以黄志丽就判了弟弟要返还这 0.6 平方米的土地。

然而，3 个月后，黄志丽因接手另外一起案件又到了那个村，顺便走访之前的兄弟俩。隔壁老伯得知黄志丽是那起案件的主审法官后，叹了口气说：

"那次兄弟俩从法院回来以后，就不再来往了。"小小的一个猪圈，仅仅0.6平方米的土地，却毁掉了兄弟俩的亲情，这给了她很大的触动。

"家事纠纷的案件，往往因情而起，亲情、爱情，很多都是一口气之争。我一直在想，如果当时我多花点心思去了解背后的关系背景，请村里的长者、亲戚朋友做一些协调，可能他们兄弟的亲情还会维系下去，而不是像我这样，一份判决书出去了，也断了他们的亲情。"从法理上讲，那份判决书并没有错；但从情理上讲，一份冰冷的判决书可能让两兄弟再没有和好的机会。

这件案子让黄志丽不断反省。在司法实践中，她坚持在程序正义的前提下，深入调查研究，努力查清矛盾根源，并总结出了"三个贯穿始终"工作法——调查研究贯穿始终，减少错案发生概率；亲和调解贯穿始终，弥补刚性司法不足；释法析理贯穿始终，实现法律规范与道德人情的互释交融。

此后，黄志丽又经办了一起案件：六兄妹书面约定，瘫痪的父亲和患有精神病的弟弟由最小的妹妹照顾；等父亲去世后，父亲的房产全部归小妹所有。父亲去世后，哥哥姐姐却主张协议无效，要求分家析产。

无处分权的当事人处分他人财产，又未经权利人追认的协议确实无效，这起案件若简单判决，省时、省力。但黄志丽认为，规则之治没错，但一份判决有可能伤了兄妹情。而从道德层面上说，因照顾父亲和弟弟付出大量心血、精力和金钱的小妹妹，在公序良俗上又占着制高点，不能因一份判决，让善良的人伤心。为此，黄志丽多次走访社区，了解真相，并登门劝导原告。同时，为原告、被告厘清了十多年的经济账，又让他们回忆往日情分，以唤回亲情。最终，原告一方撤回了起诉。

回看20多年的司法实践，她曾行路40公里，先后8次调解花甲老人的遗产之争；她曾自掏腰包垫付费用，照顾因交通肇事受伤的老人，直至案件圆满解决；在中秋佳节的晚上，赶到法院接访一名聋哑群众，耐心地把要说的话一字一句写在纸上……冰冷的法条在黄志丽的释法析理、亲和调解中变得有了温度。

解开法结，收获信赖，一路走来的黄志丽更加坚信："我们迈出去的是脚步、带回来的是民心，俯下去的是身板、树起来的是信任。"

守望正义　与人民群众心连心

法治中国建设中，有人在讲坛呐喊，播撒法治信仰；有人在田野耕耘，直面困顿却不屈不挠。前者留下的是“诗”，而后者留下的是“远方”。黄志丽有浪漫的法学情怀，回想起自己的职业生涯，她说：“很难找到一份职业，让你看到人生百态，感受到价值衡量的美妙、利益博弈的精巧。”在她眼里，法治中国的诗和远方，就在追寻公平正义的路上。

黄志丽所在的芗城区管辖区域大、案件多、任务重，为了回应群众对司法的新期待，2012 年 6 月，全省首个以优秀法官命名的法官工作室——“黄志丽法官工作室”在芗城区南坑街道办事处挂牌成立。

工作室将诉调结合于一体，致力打造“无讼社区”调解服务网络。黄志丽办公室的电话被公开在宣传栏，24 小时开机的手机跟办公室电话绑定。在她眼里，法官工作室最接地气，是百姓家门口的法庭。

“民事纠纷中的很多矛盾，当事人到法院以后难免会‘较真’，对立情绪会有一个增幅；但如果到法官工作室，对立情绪相对弱化，往往能在诉前调解中将矛盾化解，法院的人财物力成本也降低不少。”黄志丽用群众的语言聊法律，以法官的亲和消除当事人的隔阂，把矛盾化解在萌芽状态。

随着民商事案件数量呈现上升趋势，黄志丽把更多精力投入法官工作室，开展巡回办案、诉前调解、法律咨询……目前，芗城区已建立“黄志丽法官工作室”5 个，年均调解群众纠纷近千件。

黄志丽曾经受理过这样一件案子，村里有个鱼塘要承包出去，几个大姓的人家都想承包，因此发生了争执。争执中，一个孩子因大人没注意被推搡，不小心掉进鱼塘。虽然孩子只是喝了几口水，但事情性质突变，宗亲们开始撸起袖子，“大战”一触即发。

法官工作室的法官们及时介入，多方做工作，避免“民转刑”纠纷的发生。事后，村里的长者表示，能有法官工作室的法官们及时阻止，实在是万幸。

“人民法官就应该跟人民群众站在一起，是金子一定要在群众工作中发光。”这是黄志丽经常挂在嘴边的一句话。现在法官工作室也成为“传帮带”

黄志丽（右二）向村里年长者了解情况

平台，年轻的书记员、法官助理、新任法官到工作室驻点，在老法官的言传身教中学做群众工作；而老百姓也能近距离看看党员法官是什么样子。黄志丽法官工作室逐渐成为一个司法创新的窗口，映射着中国法治的发展和乡土人情的温暖。

2017 年，黄志丽当选为党的十九大代表，身份的转变让她更感到使命在肩。黄志丽说："法律是我们脚下的大地，情和理是我们的左右脚，你要走到多远的地方，都要有坚实的大地，否则就会踩空。"把群众当亲人，倾听民情民意，传达党的声音，她作为"党代表"的脚步在一线走得更加扎实。

2019 年，黄志丽被评为"最美奋斗者"。10 月 1 日，黄志丽代表法院系统参加了庆祝中华人民共和国成立 70 周年大会。回想那一天，黄志丽仍然心潮澎湃："人民的幸福，离不开公平正义的获得感，离不开和谐稳定的安全感；民族复兴的未来，离不开法治的规范引领、司法的保障支持。从那时起，我真真切切地读懂了自己作为法院人，在为人民谋幸福、为民族谋复兴新征程中的新使命！”

同年，黄志丽主动请缨，加入芗城法院组建的“大速裁”团队。在她的带领下，团队充分发挥集中力量办大事的制度优势，承接了院内 70% 以上民商事案件，快速精准审结，让当事人的权益得到最大保护，体现了“便民与科学，速度与温度，效率与公平”的司法理念。

“对党忠诚、对群众赤诚、对公平正义捍卫的热诚，这是我的法治梦，我将一生为之坚守和奋斗。”黄志丽说。

（文／史飞飞　编辑／中国妇女杂志社 申敏夏）

刘芳：大山里的海伦·凯勒

1997年，26岁的刘芳被确诊为“视网膜色素变性”，此后10年，她的视力一点一点变差，直至最后陷入黑暗。其间，她并未自我放弃，转型做心理老师，写自传体小说，到各所中小学和大专院校做心理讲座……16年来，她立足岗位，努力做一名被学生和家长信任、喜欢的好老师，同时关心残疾朋友，引领他们积极向上、努力奋进，在黑暗中拥抱光明，书写了平凡人生的光辉，被誉为“大山里的海伦·凯勒”。2016年8月26日，刘芳被中宣部授予“时代楷模”称号。

刘芳：被授予“时代楷模”“最美奋斗者”称号。贵州省贵阳市白云区第三中学盲人教师，中国盲人协会副主席，获评全国优秀共产党员、全国优秀教师、全国总工会五一巾帼奖章、全国三八红旗手标兵等。

全国优秀共产党员

热爱给了坚守岗位的力量

最初感觉眼睛有问题时，刘芳还在上大学，那时候她的眼睛出现了夜盲症，但她没有当成一回事。

1993 年，刘芳大学毕业，被分配到麦架中学（现白云区第三中学）成为一名语文老师。

几年后，刘芳发现在白天眼前总会有水波纹晃动，这时候她开始意识到她的眼睛出了问题。

1997 年，刘芳到医院检查，被医生告知她患的是视网膜色素变性的疾病，将来会成为一个盲人。

对于刘芳来说，这无疑是一个沉重的打击，她多么希望这是一场梦。

彼时，刘芳的儿子只有 8 个月大，看着天真可爱的儿子，她告诉自己必须坚强起来，她若是垮了，年幼的儿子怎么办？

消沉了半年，刘芳选择和命运说“不”，坚持把满腔热血倾注到她最爱的语文教学中去。她把初中三年的文言文全部背下来，并记住了所有文章的页码。

随着视力一点一点地下降，刘芳深知，一般的教学方式已不适用于自己的课堂。于是，她把相声里的说、学、逗、唱巧妙地用在了课堂教学中，用生动的语言吸引着孩子们的目光。

除了上课，就连批改作业，刘芳都有自己独特的方法。上作文课，起初她让每个学生带着作文到办公室朗读给她听，然后她再点评。后来，她索性把作文评阅从办公室转移到教室，学生朗读完自己的作文后，她再迅速对作文中的细节进行精彩点评。对刘芳来说，这是对听力、记忆力的巨大考验，每次上课她都比从前更加全神贯注。正因为如此，她与学生之间的交流变得更加走心，学生们从这种全新的教学方法中得到了更多启发，大家都爱上了她的语文课。

这种教学方式彻底激发了学生的学习主动性，他们感觉到自己的所有付出都得到了老师的认可，学习起来更加主动。当时，刘芳带的班级多是“问题班”和“双差班”，但是在她创新的教学方式引导下，这些班级学生的语文成绩常年名列前茅。

“刘芳老师虽然视力越来越差，但是课却讲得越来越精彩。”学生家长对刘芳的教学工作非常认可。对于刘芳来说，这是对她工作的最大肯定。

当时得知刘芳的病情，学校领导担心她会耽误学生的课程，多次劝导她休假，但刘芳钟爱三尺讲台，她不服输地站在了讲台上，并用实际行动证明，她不是一个无能的人，她不仅不会耽误学生，还会让学生取得进步。

当记者问及，面对如此困境，是什么力量支撑她的坚守时，刘芳坦言：“是我热爱的教育事业给了我坚守岗位的力量。那时我想，如果我停止了教学工作，那我的生命就真的终止了。”

在黑暗中拥抱光明

在逐渐失明的10年间，刘芳常常去逛书店，如饥似渴地阅读，恨不得把所有书籍装入自己的大脑。

2001年，她读完了最后一本纸质书——《笑傲江湖》。

2007年，她彻底陷入黑暗。

尽管刘芳已经用了10年来说服自己接受这个结果，但这一天真正到来，还是让她濒临崩溃。

无边无际的黑暗，让刘芳感觉自己仿佛被丢进了深海，除了深深的恐惧，便是无边无际的绝望——她是一个语文老师，失明了怎么上课？

事实上，除了上课会受影响，就连生活也是。很多时候，刘芳把自己当成一个普通人，但在某次炒菜被烫到、走路撞到桌角时，她会突然意识到自己的“与众不同”，每当这个时候她会很痛苦，但很快又转移注意力，努力让自己乐观起来。

消沉了半年，刘芳振作起来，她利用MP3和电脑每年听读书籍20本以上，不断增加自己的知识储备。与此同时，她主动向学校提出申请，转型担任学生的心理辅导老师。

白云区第三中学地处城乡接合部，一些处于青春期的学生开始出现早恋、叛逆，甚至出现不良倾向。刘芳全身心投入到学生心理疏导的工作上来，填补了学校心理辅导课缺失的空白。2008 年，刘芳在学校支持下，建立白云区第三中学心理咨询室，并创新实施学生“成长档案袋”等措施，让学生以匿名纸条的形式，尽情倾诉自己的“秘密”。收到学生的倾诉，刘芳积极疏导，至今已有效化解几百名学生的心理问题。

刘芳仍记得，几年前一个小男孩跑来找她求助的情景，小男孩刚上小学六年级，因为父母离异，一直居住在姑姑家。缺乏父母的关爱，让小男孩显得特别抑郁，他告诉刘芳自己有轻生的念头，刘芳赶紧安抚他，用自己的经历鼓励他强大起来。事后，刘芳仍然挂念着这个小男孩，专门写了一些童话故事鼓励他。读了刘芳老师创作的童话，小男孩开始走出家庭的阴影，找回生活的自信。

另一名曾因母亲改嫁、父亲患病离世而产生心理问题的学生小张（化名），在刘芳的帮助下走出阴霾，以高分考入北京师范大学化学系，“我也想像刘芳老师一样用心去与学生沟通，用真诚去消散他们人生中的迷茫。”毕业后的小张回到贵州成为一名郊区学校的老师，他希望自己能成为像刘芳一样的老师。

这些案例坚定了刘芳认真开展心理辅导工作的决心。截至目前，刘芳心理咨询工作已扩展辐射到贵州省工业机械学校、贵州综合广播电台 FM94.6 频率、大山洞街道办事处等，累计帮助学生和社会人员 1.6 万余人。

发光的未来

尽管面临诸多不便，但刘芳的思想并未因此禁锢。

2011 年，刘芳借助盲人打字软件，写了一部 17 万字的长篇小说——《石榴青青》，描绘了一群从事农村教育的青年教师的理想、工作、爱情和友情。

2016 年，刘芳成为贵州广播电视台综合广播心理疗愈互动节目《爱聆听》的一名嘉宾主持人，她耐心倾听、真诚关怀，通过“婚姻矛盾”“家庭暴力”“沉溺赌博”“青春期叛逆”等一个个真实案例，让受众学会化解问题，轻装前行。

2016 年，刘芳还出版了另一本长达 28 万字的自传体小说——《花开十年》，讲述了10年间她从黑暗走向光明的教学历程。

2021年，刘芳又出版了一本随笔精选集——《慢慢想》，书中收录了她30多篇随笔作品。

刘芳成为贵州广播心理疗愈节目《爱聆听》的一名嘉宾主持人

时隔两年，她又筹备推出新书。

"这本新书是关于亲子教育的，我暂定书名为《两个世界的万花筒》。"刘芳告诉记者，之所以叫这个名字，是有寓意的，"世界是五彩斑斓的，就像一个个的万花筒一样，每个人眼里都有自己的万花筒，轻轻触碰一下万花筒，它就会千变万化。但你若是乱动这个万花筒，看到的就是眼花缭乱的世界，就不能够很精准地去抓住这个世界的美好，发现人性的美好。"

刘芳之所以想推出这本书，与她对青少年心理健康的关注息息相关，她想通过这本书教会家长如何去教育孩子。

除了写作，刘芳还忙于读书分享活动。

随笔精选集《慢慢想》里收录了刘芳30多篇作品

2019年10月15日恰逢国际盲人节，在贵州省残联的支持下，贵州省盲协组建了盲人微信学习群，由刘芳负责。4年来这个群已经从最初的50多位盲人朋友增加到400多位盲人朋友，读书志愿者也从最初的七八个增加到如今的50多个。

“我们的盲人朋友受教育程度不同，接受能力参差不齐，学习习惯差异很大，组建微信群是为了满足盲人朋友的听书需求。”刘芳介绍，他们通过发送语音的方式来输出好文美篇，以满足盲人朋友的读书需求。同时，逢年过节他们在微信群里举行晚会，让大家在群里分享读书的快乐。不仅如此，他们还在图书馆和盲人按摩院里做线下读书活动，为盲人朋友赠书和读书，为他们打开了一扇认识世界的窗口。

除了这些，刘芳还忙于各大高校的心理讲座。

不久前，刘芳走进了贵州省内的花溪大学城及清镇职教城，对即将毕业、面临择业和择偶的大学生开展心理疏导。她的上课内容鞭辟入里，态度亲和，深受学生喜爱，每次上课结束都会有学生冲上台和她拥抱、献花、合影。

“学生们对我的认可，让我很开心。”刘芳说。

最近，作为中国盲协文学委员会的秘书长，刘芳正与贵阳市残联联手筹备一个全国盲人作家的骨干培训班。培训主要以沉浸式教学的方式，带领大家重走长征路，赓续红色血脉。在筹备活动过程中，除了收集资料、打印签到单这类琐碎的事情外，刘芳还负责邀请专家、教授、知名阅读推广人等为大家作讲座。

这样忙碌的生活，让刘芳感到充实又快乐。为了防止自己思想僵化，她每年都会选择学一首新歌。“工作之余，除了学歌，我还学古琴和养猫。”刘芳把自己的生活安排得很满，并且十分享受这样忙碌的生活。

2016年8月26日，正好是刘芳的生日，这一天，她被中宣部授予“时代楷模”称号。在颁奖仪式上，主持人敬一丹问刘芳，如果能给您一天的光明，最想看到什么？刘芳回答：“我最想看看我儿子长成什么样子了，因为从他10岁开始我就不知道他长什么样了。”这时候，儿子突然冲上台给了刘芳一个大大的拥抱。看到这一幕，主持人敬一丹不禁啜泣起来，久久不能言语，紧紧握住了刘芳的手。刘芳说："同是女人，同为母亲，这种温暖让我记忆深刻。"

2021年7月1日，在中国共产党成立100周年之际，刘芳获得"全国优秀共产党员"称号，并有幸在北京天安门广场聆听了习近平总书记的重要讲话。她跟随现场的青少年热泪盈眶地喊出了"请党放心，强国有我"。

有人问刘芳，得了这么多荣誉，将来会不会变？她回答，肯定会变。年龄在变、容貌在变，对教育的理解也在变。但有些永远不会改变，比如，我的信仰决不会变！

彻底失明至今已经16年，诸多艰辛刘芳都已忘却，只有党的关怀，她时刻铭记于心。她说："我工作30年，入党11年，党和政府对我的不离不弃，给了我努力生活的勇气，听党话、跟党走，这就是我心中永恒的信仰。"

（文／马红梅　编辑／中国妇女杂志社　王晓艳）

李桓英：为了一个没有麻风病的世界

20 世纪 70 年代，在“彩云之南”的勐腊县，曾存在着大小数十个长期与世隔绝的麻风发病率较高的村寨。1979 年春天，这里来了一位不怕麻风的女医生，她就是李桓英！她舀起病人家的水就喝，捧起饭就吃，不采取任何保护措施就亲切地与病人握手。在那个“谈麻色变”的时期，她始终坦然地与麻风病人面对面接触，从不畏惧。此后几十年，在她的推动下，我国基本消灭了麻风病。2021 年 8 月 20 日，中宣部授予她“时代楷模”称号。

出身名门，她把孝心献给祖国

李桓英 1921 年 8 月出生于北京。童年时期，她曾跟随父母在德国柏林一

李桓英：被授予“时代楷模”“最美奋斗者”称号。首都医科大学附属北京友谊医院医生、北京热带医学研究所研究员，世界著名麻风病防治专家。获评全国优秀科技工作者、全国杰出专业技术人才奖、国家科学技术进步一等奖、全国五一劳动奖章、全国麻风病防治先进个人、全国先进工作者、中国麻风病防治终身成就奖、全国三八红旗手标兵、最美巾帼奋斗者等。2022 年 11 月 25 日逝世，享年 101 岁。

时代楷模
时代楷模
荣誉证书
中共中央宣传部

起生活，看到了西方医学的迅猛发展。1945 年，在战争中的大后方艰苦学医 6 年的李桓英以优异成绩毕业于上海同济大学医学院。1946 年，前往美国约翰霍普金斯大学攻读细菌学和公共卫生学硕士学位，毕业后留校任微生物学系助理研究员。1950 年，世界卫生组织（以下简称“世卫组织”）成立，李桓英被美国约翰霍普金斯大学推荐成为世卫组织首批官员。任职 7 年间，她被派往亚洲、美洲等地许多国家，为防治性病和雅司等疾病在贫穷落后地区的蔓延作出艰苦努力，受到世卫组织的好评。那时李桓英拥有中、美两国两个知名学府的学习经历，还有联合国工作的重要经历，这样的人生轨迹，对任何青年人来讲都可谓是走上了人生巅峰。但对于李桓英来讲，这却更像是今后人生道路的一个铺垫。当时，李桓英的全家已移居美国，父母兄弟都希望她留在美国。然而，面对富裕的生活和祖国的需要，她在自己的人生道路上作出了重大选择。

1957 年，在李桓英为世卫组织工作 7 年期满时，她婉言谢绝了世卫组织“续签 5 年合同”的邀请，瞒着家人，只身一人绕道伦敦，几经周折，于 1958 年从莫斯科回到了祖国。那一年，她 37 岁。

战“麻”斗士，一生追“风”

麻风病这个古老的疾病已有 3000 多年的历史，它是由麻风杆菌引起的一种慢性传染病，主要侵犯皮肤和周围神经，历来是备受歧视的、致残的“不治之症”。

20 世纪 70 年代末，已年近花甲的李桓英了解到，世卫组织正在研究一种联合化疗治疗麻风病的新方法，药物配方已经完成，但是缺乏临床实验。为了争取到世卫组织免费的药品支持和实验项目，李桓英开始在全国范围进行走访调查。

1982 年，李桓英向世卫组织递交了一份关于中国麻风病情况的详细报告，世卫组织批准在中国进行联合化疗方法的项目。她建立多个联合化疗的实验点做临床实验，根据我国麻风病治疗标准，每年和基层麻风防治工作者一起仔细调研，前 5 年按月观察，之后每年调查 1 次，前后达 15 年之久，进行了多年的观察研究。

在李桓英的办公室有一张云、贵、川交通图，上面插了20多面三角旗，那是她的足迹所到之处。7个麻风病发病率较高的州和县，被李桓英选定作为治疗的试点。

为寻求更好的治疗方法，李桓英开拓创新，将国外先进的治疗方法与中国实际相结合，率先开展了服药24个月就停药的短程联合化疗，解决了麻风病的治疗难题，为数以万计的麻风病人解除了痛苦。全国的麻风病人从原来的11万人下降到不足万人，而且年复发率仅为0.03%，大大低于国际组织年复发率小于1%的标准。此举证明无须住院隔离治疗，就能解决麻风病的治疗难题，为解除麻风病患痛苦、消除社会歧视起到了积极作用。1994年，被世卫组织在全球推广。1996年，在麻风病治疗问题解决之后，为了早期发现隐匿的病人，她又率先在国内开展消除麻风运动，首次提出了麻风病垂直防治与基层防治网相结合的模式，被称为"全球最佳的治疗行动"，促进了麻风病的早发现、早治疗，为我国乃至世界麻风病防治工作作出了突出贡献。

医生不能怕，要做麻风病人的"李妈妈"

1983年年初，李桓英带着申请来的免费药品来到了云南省勐腊县的麻风寨。每天早上6点，李桓英走10公里的山路，经过一条河进入麻风寨，她到每一个病人的家里，去劝说他们服药。中午，李桓英总是会留下来，在病人家里吃饭。

麻风村寨大多山高路险，地处偏僻，通往这里的道路曲折，李桓英却不知疲倦地一走就是几十年。每次她到一个村寨的时候，都会引来村寨里村民的一片惊奇：村寨来了个女医生，不怕麻风！她口渴了就舀起病人家的水喝，饭捧起就吃。病人试探着同她握手，她便拉着他们的手长时间不放。见到老病号，她总是亲切地拍拍病人肩膀，并与他们拥抱问个好。

"我就不怕，医生不能怕！这就好像战士都知道子弹厉害，上了战场不照样往前冲？！麻风菌可没有子弹厉害！"李桓英曾这样说，"我甚至巴不得自己被传染上——让你们亲眼看到我现在能治好它！"她还会教麻风病人穿鞋。

“早晨和晚上，你们要这样。”手一下子伸进病人刚脱下来的脏鞋，“摸摸有没有沙子和钉子，再穿上。”麻风病人手脚是麻木的，甚至端滚烫的火盆都感觉不出烫手。为了教给病人防止皮肤破损溃烂自我防护的方法，李桓英不怕脏。她曾在勐腊坐独木舟过河时遭遇翻船，被捞上岸后湿漉漉地仰天大笑：“我胖得像个皮球，哪里沉得下去？”她曾数次遭遇翻车，最严重的时候被车子甩出去十多米，躺在覆盖厚厚白雪的山坡上昏过去，醒来时，雪地上有一大片血迹。7 根肋骨骨裂，双侧锁骨骨折，头部负伤后被缝了 7 针，她却还开着玩笑说：“按我坐车的概率，也该翻了！”

李桓英所用的药物，当时在国际上通常需要 6 ~ 7 年时间才能治愈患者，而很多病人无力长期服药。经过研究，李桓英决定将治疗时间缩短为两年，这种短期疗法在国际上尚无先例。服药的初期阶段，病人脸色发紫，有人开始怀疑李桓英的治疗方案，但 27 个月后她拿出了有力证据。

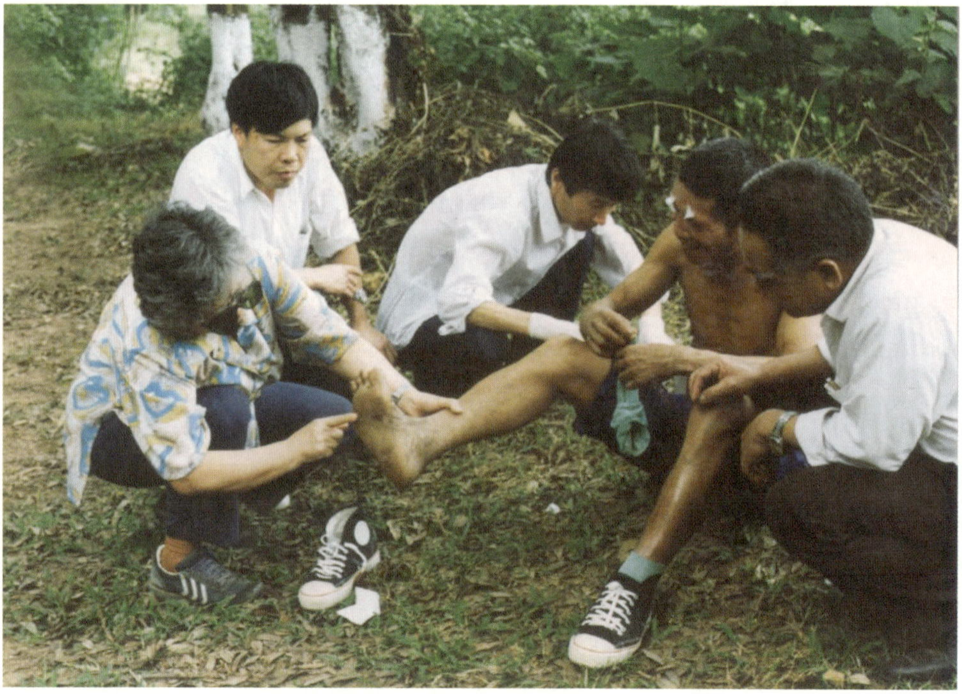

李桓英在麻风发病率较高的村寨为病人检查身体

勐腊县县委原副书记刀建新，在1950年的时候被传染上了麻风病，他为此失去工作，妻子和孩子也离开了他。1983年，李桓英带着治疗麻风病的药物入寨，在这里住了30多年的刀建新第一次看到了希望。两年后，刀建新和其他病人一起被治愈。

经过两年时间的治疗，云南省勐腊县的麻风病患者被全部治愈，1990年的泼水节，他们摘掉了“麻风寨”的帽子，作为一个行政村，被正式划入勐仑镇，李桓英为它取名为“曼南醒”，意思为“新生的山寨”。这一天，李桓英和人们一块跳起了傣族舞蹈。

现在曼南醒村的村民通过贷款种起了橡胶树，生活渐渐富裕起来，附近其他村寨的孩子也来一起读书，原来受歧视的孩子有了新伙伴。

奋斗不止，为彻底消灭麻风病而不懈努力

李桓英一生孑然一身，把毕生的精力都献给了麻风病防治事业。正是由于对我国在麻风病防治工作这一领域作出的成就和贡献的肯定，第15届国际麻风会议决定1998年在北京召开，在这次具有纪念现代麻风防治100周年特别意义的大会期间，李桓英被推选担任本次大会的轮值执行主席。

会上，作为我国著名麻防专家同时身兼世卫组织第七届麻风病专家委员会8位专家之一的李桓英，做了题为《在云南实施麻风病防治特别行动计划的报告》的演讲，博得了与会1000多名中外专家长时间的热烈掌声。她领导开展的短程联合化疗和消灭麻风病的特别行动计划，被誉为全球最佳。世卫组织官员诺丁博士紧紧握着李桓英的手说：“全世界麻风病防治现场工作，你是做得最好的。”

40年来，李桓英针对国内外麻风防治中存在的问题进行了多项现场研究，缩短疗程，消除歧视。她解决了该领域的重大策略和技术上的关键问题，为我国政府制定控制和消灭麻风病的整体规划，为全球实现消灭麻风病目标的可行性提供了重要依据，作出了重大贡献。

李桓英在麻风防治研究上的成就赢得了国内外学术界的高度评价，获省级科技进步奖6项，主持形成的研究成果《全国控制和基本消灭麻风病的策

略、防治技术和措施研究》获得 2001 年国家科学技术进步一等奖。

李桓英在麻风病防治领域已经取得了常人难以超越的成绩，尽管年过九旬，她仍然奋斗在麻风病防治研究第一线，生命不息，奋斗不止，为的就是早日实现彻底消灭麻风病的理想。她说：“我国虽然基本上消灭了麻风病，但还没有彻底消灭，我们还有很多工作要做。麻风病的疫苗至今还是空白，自然疫源也不清楚，从基因水平揭示麻风病的发病机制还没人涉及……”她带领麻风病研究课题组的同志进入分子生物学研究领域，开展麻风病早期诊断、耐药基因检测和分子流行病学的研究，旨在通过对麻风病分子生物学水平的研究，在麻风病的传播方式、发病机理、检测方法等方面取得创造性突破，在麻风病传播链的研究、麻风病高发区预防措施的研究以及麻风病基因方面的研究都取得了新的成果，为彻底消灭麻风病而不懈努力……

坚守初心，入党梦圆

2016 年 9 月，第 19 届国际麻风大会在北京召开，李桓英荣获首届“中国麻风病防治终身成就奖”。出席会议的她在此刻忽然意识到，此生如果没能成为中国共产党的一员，才是一生最大的缺憾。

同年 12 月，95 岁高龄的李桓英怀着对党的无限忠诚加入了中国共产党。她在入党申请书中这样写道：“在多年的社会生活和医疗工作中，我深刻领悟到中国共产党是全心全意为人民服务的党。也正是在党的培养、支持和帮助下，我为广大麻风病患者做了一些工作，取得了一定的成绩，党又给了我很多荣誉和鼓励。我虽已进入鲐背之年，但愿意以党员的身份为麻风事业奋斗终生！”

2019 年，为隆重庆祝中华人民共和国成立 70 周年，中宣部等部门在全国范围广泛开展了“最美奋斗者”学习宣传活动，评选表彰新中国成立以来涌现的英雄模范。98 岁高龄的李桓英光荣当选。

2021 年 8 月，中宣部授予她“时代楷模”称号，同月，李桓英获评全国三八红旗手。2022 年，李桓英先后被评为全国三八红旗手标兵、最美巾帼奋斗者。

李桓英（前一）在 95 岁高龄时加入中国共产党

“干麻风病防治工作不后悔……我想把有限的日子，投入到无限的工作中去。”从国人眼中的“战‘麻’斗士”到麻风病患者口中的“李妈妈”，李桓英在麻风病防治的道路上，奋斗的脚步从未停歇。2022 年 11 月 25 日，李桓英永远离开了我们，她将毕生心血奉献给了麻风病的防治和研究工作，为推动构建人类卫生健康共同体作出了重大贡献，她那温暖爽朗的笑容，永远留在人们心中。

（文／袁联潮　海昕同　编辑／中国妇女杂志社 陈昊晴）

孙丽美：用使命担当书写乡村振兴华章

2021 年 8 月 6 日，在防抗台风工作中，为保护群众财产安全，福建省霞浦县松山街道古县村党支部书记——年仅 44 岁的孙丽美因公殉职。

十七年如一日，孙丽美时刻把群众安危冷暖放在心上，她生前着力解决群众急难愁盼的问题，带领乡亲们苦干加实干，大力发展乡村集体经济，把落后的古县村建设成为美丽乡村，被当地村民视为知心人、贴心人、主心骨。2021 年 8 月，她被全国妇联追授全国三八红旗手，同年 8 月 31 日，被中宣部追授“时代楷模”称号。

孙丽美：被追授“时代楷模”称号。生前为福建省霞浦县松山街道古县村党支部书记，被追授为全国三八红旗手。2021 年 8 月 6 日因公殉职，年仅 44 岁。

用生命写下为民服务的注脚

2021年8月6日，9号台风“卢碧”登陆福建，霞浦县境内暴雨如注，古县村党支部书记孙丽美与松山街道沙塘工作站站长汤辉、古县村第一书记樊丽丽和古县村主任孙万进顶风逆行，巡查各项防范措施的落实情况。

村庄上游有一座未设护栏的便桥，水泥钢筋浇筑而成，桥下并列6个圆形涵洞，直径约1米。此时，只见汹涌洪水如一条暴烈恶龙，在风雨的助威下，从古县山间奔泻直下。它裹挟着树干藤草，堵塞涵洞，巨大阻力撕裂桥身，岸边部分农田已被冲毁。孙丽美他们4人踏上桥面时，洪水飞涨，已经感觉到脚底颤动。

“当时，孙书记说如果不把淤积物清理掉，水会涨得更快，河边的农田就全毁了。”樊丽丽回忆道。孙丽美扯住一把藤草想拉开，藤草传导上来的反弹力，让她一个趔趄跌落桥下。说时迟，那时快，3位同事一拥而上，手疾眼快抓住孙丽美的双手。

汤辉与樊丽丽抓住孙丽美左手，孙万进抓住孙丽美右手。丽美的身体被卷入涵洞中，水流吸力极大，3个人使尽全力，愣是拉不上来。在风雨、水流交织的喧响中，汤辉大声喊道：“孙书记，你一定要坚持住，我跳下去托你。”孙丽美马上高声回应：“汤站长，你不要下来！你快上去，快上去！别管我！”

谈及当时的情境，汤辉眼眶不禁红了：“我跳下河，双手想抱住她后背托上岸，但水流太急，根本抱不住。我也被卷入涵洞，冲到她身下，感觉全身都被藤草缠住。”

很快，急流把汤辉从涵洞冲出，他奋力向溪畔划水，直至被冲出20余米外的溪流转弯处，他终于抓住溪边的草丛，踉踉跄跄爬上岸，立马往桥头拼命跑。此时，他看到孙丽美也被洪水从涵洞冲出，汤辉再度跳入湍流，无奈怎么拼命奋力，都追赶不上急流速度，望着孙丽美的身影从眼里倏忽消失。等他再度爬上岸，已是筋疲力尽，瘫趴在地呕吐不已。他的四肢、胸背伤痕累累，嘴巴耳鼻尽是泥土。

孙丽美被洪水冲走的消息一经传开，各方人士300多人参与搜救，许多人手挽手，地毯式地踏遍这条平时风光旖旎、如今凶残咆哮的金沙溪。晚上9

点过后，在下游5公里处，人们找到了孙丽美，而她已经永远闭上了那双美丽而温柔的眼睛。

接好父亲“接力棒”

古县村依山傍海，文化底蕴深厚，民风厚重淳朴。民风是由万户千家的家风组成的。孙丽美壮烈殉职后，人们把目光投向了她的家庭。

2021年8月11日上午，在霞浦县殡仪馆，有2000多人自发参加了孙丽美的遗体告别仪式。肃穆悲怆的气氛中，缓缓行走着一支特殊队伍，10多位年逾花甲的老人，簇拥着一块花匾，上题“孙丽美同志一路走好”，署名是原古县大队插队知青。

发起人唐绍平在1975年高中毕业后到古县大队插队，当时，孙丽美父亲孙裕农是大队支部副书记，为人公道、朴实、热心，特别关心知青。在生产、生活中，知青遇到什么困难，都会找他帮忙。知青和他的关系亦师亦友。老知青们得知因公殉职的女支书是孙裕农的小女儿时，不约而同相聚一起，送别孙丽美。曾经萍水相逢，关爱有加，40多年过去，感恩之心犹在，这是一个老支书与一群老知青的动人故事。

2007年，县卫生监督所所长陈迎霞受县委委派，以特派员身份驻古县村工作3年整。她性格爽朗，能说会干，很接地气。孙丽美当时是村计生管理员、团支部书记，称陈迎霞“姑姑”。

2018年夏，村党支部面临换届选举，上级党委多方征求意见，最后选中孙丽美。当时孙丽美考虑再三推却了，理由有三：一是自己没担任过村副书记、村副主任和村主任经历，担心一下子挑“一把手”重担，难以胜任；二是古县村孙、杨、林三大姓关系错综复杂，矛盾甚多，她夹杂其中，不好处理；三是儿子因车祸受重伤尚在康复中，自己要花时间陪护。镇党委认真研究后，还是认为支书人选非她莫属，镇领导还请陈迎霞出马，做孙丽美思想工作，让她支持镇党委意见。

孙丽美征求父亲意见，孙裕农说：“你自己想好了，如果不干，我没意见；如果要干，就要一心一意干好！”当得知女儿高票当选时，老父亲郑重其事对女儿说："现在政策越来越好，扶贫帮困、发展产业、振兴乡村，你不做好，是没有理由的！"

做村民心中的"119"和"120"

"你说她好在哪儿？一个把老百姓当成亲人的干部，她怎么能不好！"面对记者的提问，彭则安已是热泪盈眶，哽咽难言："阿美就像我的亲妹妹。"

彭则安是古县村民，一家6口人，靠务农为生。他于2010年患上血管瘤病，6年间做了两次手术，掏空了家底，还欠下10多万元债务。2016年，女儿考上福州大学，懂事的女儿放弃升学机会，要进城打工。当时还是村计生管理员的孙丽美非常清楚彭则安的家境，对他说："你再苦再穷，也不能让孩子没书读！学费你不用担心，我来想办法。"几天后，孙丽美帮助彭则安申请到5000元的助学金，解了他们家的燃眉之急。2020年，彭则安女儿又考上了厦门大学的研究生。彭则安感动地说："阿美改变了我女儿的命运，也改变了我们一家人的命运。"

孙丽美（右一）进村入户开展"平安三率"宣传

残疾人杨兆科年过古稀，大儿子患精神病，住院治疗费要交5000元，还差500元，孙丽美二话不说，自掏腰包补上。而且，孙丽美还为他申请了贫困户房屋修缮费、残疾人创业基金、扶贫发展资金共5万元，扶持他种植花生、蔬菜和养兔，帮助他小儿子当上了护林员，杨兆科家庭顺利脱贫。杨兆科大儿子患的精神病很难治，看见谁都充满敌意，唯独孙丽美可以亲近他，让他露出笑容。

古县村人亲昵地叫孙丽美为阿美或阿美书记，她对老人们的关心体贴在村里有口皆碑。2021年7月，陈迎霞去疫苗接种点检查工作，看见一个人头戴草帽、身穿防晒服、靠墙坐在地上，一副筋疲力尽状，还以为是注射疫苗后身体不适者，走近前才发现是孙丽美。孙丽美坚持每天早上带一批老人到城关注射疫苗。接种点负责人见她辛苦，劝她不必每天带队，或者可以先回去。但孙丽美说："不行。如果我不在场，老人们不懂得使用手机和填写表格那些手续，会没有安全感。"

陈迎霞曾经调侃孙丽美："你已经是古县村的'119'了，是不是还想当'120'啊！"原来，古县村老人有基础疾病长期服药的，都找孙丽美帮助领取，几个月前遇到一种降压药缺货，需要替代药，孙丽美赶忙找陈迎霞帮助协调，竟然不用看花名册，就报上一大堆老人的身份证号码。陈迎霞夸她厉害，孙丽美回答："这没什么。记住老人出生的年月日，加上前后固定数字，就是他们的身份证号码。"有群众和孙丽美开玩笑："阿美，你整天往村委会跑，是不是担心村委楼会被人搬走啊！"

古县村民很勤劳，白天在外劳作，只有中午和晚上登门，才能找到他们商量事情。孙丽美便放弃了午休时间，匆匆去村里的小店扒一碗米粉，有时干脆不吃午饭，就马不停蹄地去办事。上级干部来了，孙丽美也带到小店吃米粉，还笑言："请你们吃一碗米粉的钱，我掏得起。"

"苔花如米小，也学牡丹开。"孙丽美就像闽东大地上随处可见的小小苔花，在点点滴滴的事迹中写下了一名基层女书记心系群众的温暖情怀，以实际行动诠释了何为群众的知心人、贴心人、主心骨。

誓叫村庄拔穷根

当年的大队部会场前有一株高居山坡的老榕树，树龄200余年，树身粗壮，枝丫遒劲，荫蔽半亩。树旁就是古城门，四边路径通达，属于村里的一块风水宝地。但令人揪心的是，榕树下成了垃圾场，蚊蝇滋生，臭气熏人，住周边的村民怨声颇多。

2020年，古县村委决定实施环境整治工程。听了这个消息，村民们连连摇头："小小半亩地，却涉及50多户人家，想要征地拆迁再整治，难喽！"

征地涉及众多村民利益，孙丽美不偏不倚，甚至先拿亲戚"开刀"。刚开始，还有亲朋好友指责孙丽美不讲"人情"，孙丽美一户户登门拜访，讲解古县村传统村落和美丽乡村发展前景，展示整治建设成古榕小公园的规划图。到后来，亲戚们逐渐理解："阿美是站在村民的立场上，讲公道。"2个月后，相关征地事宜终于谈妥。

如今，围绕古榕垒砌的高台状似一座石拱桥，桥旁石栏贯通，10多位老人围坐在桥面的石凳石桌上喝茶闲聊，悠然自得。村民们说，"古榕下见面"

孙丽美（中）走访贫困户，为群众讲解扶贫政策

现已成为古县村的经典约定。

古县村共有29户贫困户，谁是“国定”贫困户，谁又是“省定”贫困户，他们的家底、致贫原因、扶持措施等，孙丽美无不烂熟于心。

党支部委员孙立成办了个葛洪农庄，颇具规模，莲塘就种植了600多亩，还有几百亩的水稻、蔬菜、番薯等。孙丽美与他商量，农庄用工应该首先安排贫困户。2018年，就有26户贫困户到农庄工作过，男工每日工资200元，女工120元，夫妻同来工作，每月可收入9000元左右。孙丽美对贫困户关心备至，有时还会带上点心来看望他们，嘘寒问暖。

孙丽美的侄儿孙朝志年轻有为，创办了一家“古县富民果蔬专业合作社”，很是红火，旺季时用工日均四五十人，多时达百人，年产值可达五六千万元。孙丽美介绍贫困户到侄儿公司上班，还不忘叮嘱侄儿：“那几个年龄大的阿伯阿婶，包装蔬菜时难免动作缓慢，你不要催促，得让他们慢慢适应。”

2019年，古县村提前完成脱贫任务，人均收入从2018年前的1.8万元提高到2020年的2.4万元。提起孙丽美，村里人无不竖起大拇指，“我们阿美书记了不起！”

2021年7月，孙丽美被宁德市委授予“全市优秀党务工作者”。她很高兴，给陈迎霞打电话：“姑姑，我书读得太少了，很想去深造提升一下，请你帮我找一个适合的学校。但有约在先，要替我保密。”8月4日，陈迎霞告诉孙丽美，自己为她选中了广州华商职业学院行政管理专业，孙丽美很高兴，说过两天就拿上自己的证件照填写报名表格。几天后，这个前不久还在想着要深造提升的基层女书记，却永远倒在了抗洪救灾一线。

挖掘“温麻船屯”的历史文化底蕴、开发后山的100多亩荒地，建设食品加工项目、把村里的机耕路进行硬化……带着对古县村的无限挂念，孙丽美走了，但她永远活在百姓心中，她的事迹和精神也将激励无数共产党人继续投身乡村振兴的火热实践。

（文／唐颐　编辑／中国妇女杂志社 邵玮）

吴蓉瑾：星星火炬　领路时代新人

在近 30 年教学生涯中，吴蓉瑾坚守立德树人初心，牢记为党育人、为国育才使命，积极探索新时代教育教学方法，为培养德智体美劳全面发展的社会主义建设者和接班人作出贡献，是新时代“四有”好老师的典范。她是理想信念的播种者，创建全国首个小学生讲解员社团，16 年来服务中共一大会址纪念馆，培养近千名小学生党史讲解员，通过在党的诞生地播种红色初心，促使爱党爱国校园文化蔚然成风。2021 年 9 月 17 日，中宣部向全社会发布宣传吴蓉瑾的先进事迹，授予她“时代楷模”称号。

吴蓉瑾：被授予“时代楷模”称号。上海市黄浦区卢湾一中心小学校长。2020 年入围“全球教师奖”，获评全国教育系统先进工作者、全国三八红旗手标兵、最美巾帼奋斗者。

16 载“红喇叭”童声嘹亮

“立德树人，做好学生的领路人”是吴蓉瑾的座右铭。她发起全国首个由小学生组建的红领巾讲解员社团——“红喇叭”小小讲解员服务队。“在讲解的过程中，孩子们不仅了解了中国共产党的红色历史，更让他们深知今天幸福生活的来之不易，坚定了他们赓续红色血脉的决心。”吴蓉瑾感触颇深。

上海市黄浦区卢湾一中心小学位于淡水路，刚好毗邻中共一大纪念馆。吴蓉瑾回忆起自己小时候第一次戴着红领巾走进这座纪念馆，听着讲解员娓娓讲述着建党历史，当时就有一个梦想，要来这里讲故事。2006 年春天，她带着一群少先队员走进爱国主义教育基地——中共一大纪念馆，孩子们对她说：“吴老师，我们想成立一支由少先队员组成的讲解员队伍！”孩子们不只是说说，他们还展示了自己的计划，怎么讲述纪念馆的陈列、参观路线、门票设计，还特别进行了讲解数据的调查研究。孩子们的想法和吴蓉瑾小时候

吴蓉瑾创建全国第一个小学生讲解员社团，16 年来培养近千名小学生讲解员在中共一大会址纪念馆童音讲党史

的梦想撞个满怀，她激动不已。于是，她发起成立了“红喇叭”小小讲解员服务队。“红喇叭”中的“红”即红色教育，“喇叭”是宣扬、讲解。第一批讲解员队伍共有队员 15 名，平均年龄 10 岁。2006 年暑假，吴蓉瑾把他们带进了中共一大纪念馆，在没有空调，甚至没有电风扇的环境中讲述建党故事，汗水一滴滴打湿了孩子们的校服，但他们饱含情感，乐此不疲。

起初孩子们对讲解的内容只是生硬地背诵，吴蓉瑾就用聊天、讲故事、观摩相关电影等方式帮助孩子们了解讲稿背后的故事。吴蓉瑾说：“只有红色历史入脑入心，讲解才能有血有肉。”从此以后，孩子们的讲解越来越生动，他们用清脆的童声、通俗易懂的语言、亲切入耳的沪语、流畅自如的英语，讲解着共产党人风云际会、相约建党、开天辟地的精彩故事，吸引着参观者们围着听、追着看，成为中共一大纪念馆一道独特的风景。

就这样，吴蓉瑾和小队员们创造了多个第一：第一次小学和爱国主义教育基地合作；完成了第一本小学段的儿童版讲解稿；开发了第一套线上线下导览平台；开发了中共一大纪念馆红领巾系列讲解手册，包括“沪语儿童版讲解稿”、“英语儿童版讲解稿”、连环画版“兴业路上的曙光”等，连环画版本上的每一帧手绘图都是小队员们经过查阅历史资料，反复练笔绘制而成的。

如今，“红喇叭”小小讲解员服务队已成立 16 年，中共一大纪念馆里“留存”了千余名小讲解员的声音。当年的小讲解员们渐渐长大，有的已经踏上工作岗位，却依旧坚持参加红色场馆的讲解工作，有的还会回到母校为学弟学妹做培训。因为童年这份经历根植于心，他们爱党爱国爱社会主义的情感更真切、更炽热。一名曾经参加“红喇叭”社团的学生对吴蓉瑾说，小学毕业后，还是会有人在路上叫住他说：“我记得你，一大会址的小小讲解员。”这种自豪感一直激励他成长。

当被问到怎么理解红色教育对于教育者和少年儿童的意义时，吴蓉瑾说：人生的“拔节孕穗期”需要精心引导和栽培，播种一颗信仰的种子、守护一颗跳动的红心，是教师的使命与职责。建党百年波澜壮阔的实践表明，红色基因永远是激励我们砥砺前行的强大正能量。“多年的实践也告诉我，孩子们能听懂，更能成为红色文化的传播者和信仰的传承人。”在红色教育的实践中，要充分利用区域红色资源，把国家大事当作育人契机。比如，2021 年，学校以建党百年为契机，开展了“少先队员学‘四史’”主题教育活动，参与的师生们都从党的光辉历史中汲取了源源不断的前进动力。2022 年，党的二十大召开，他们也围绕二十大进一步深入开展党史教育。

云朵校长云课堂引领风尚

吴蓉瑾是智慧校园的先行者，积极探索信息技术与教育教学的深度融合，因材施教呵护学生成长，主持的“云课堂”受到各界广泛关注，学校被评为上海市首个教育信息化标杆培育校，被教育部授予信息化优秀试点单位。

上海是国家教育综合改革的试验区，在教育信息化建设上一直走在全国前列。12 年前，吴蓉瑾跟随上海教育先行先试的脚步，开始了教育信息化的探索。最初由于社会上对于信息技术的不了解，当她第一次把平板电脑用于课堂教学时引起了很大的争议。后来，她又自主研发了“云课桌”“云厨房”“彩云图书馆”“云手表”等校内物联网采集教学数据，采用“去屏化”“无感知”“护隐私”等技术采集学生学习过程的相关数据，勾画学生的数字画像。吴蓉瑾一直在积极学习和探索信息技术与教育教学的深度融合，借助新技术关注和促进学生的全面发展。

在上海市黄浦区卢湾一中心小学，孩子们口中津津乐道的“中国人过中国节”活动已经举行有近 20 年了。这么多年，年末的这场迎新大戏总能让兴奋的孩子们提前两三个月就开始着手为之准备。从老上海风情到中国戏曲、从中国发明创造到中华美食，5 年一轮转，每个孩子都留下了贯穿整个小学生涯的难忘情感记忆。

“云剧场”是学校自主研发的整套多媒体戏剧表演互动空间，小小讲解员利用这个信息平台进行模拟现场培训、排练、讲解，每一场讲解结束后，获得伙伴的评价，提升“业务水平”。队员们还可以通过 AR、VR 技术，“云游”中共一大纪念馆。

吴蓉瑾还是教育均衡的践行者，将优质教育资源辐射到乡村及郊区学校，多次到青海、贵州贫困地区开展教学、培训，担任市郊乡村学校校长3年，将其办成了家门口的好学校，为办好人民满意的教育作出贡献。这些年，她到过青海、贵州、陕西、四川、重庆、云南等地的250余所学校，走到哪里就把“云课堂”带到哪里，推广先进教育理念，努力践行教育均衡，实现着她的教育理想。

而随着家庭教育促进法的正式实施，吴蓉瑾的新目标是要让历史的沉淀与时代的创新融合在一起。她说学校正在致力打造云上家长学校，以更好地建立健全家庭学校社会协同育人机制。家长学校“云课堂”设计了家长指导、学生人格培养、青少年保护等各类20多门课程，为家长提供丰富的学习资源，以拓宽家长的教育视野，提高家校共育促成长的质量。让家长们通过学习，更加科学地规范家庭教育。家校协同教育，犹如助推孩子健康成长的两个翅膀，只有合力共振，孩子才能飞得更高、更远。

让孩子们从中国戏曲中领略传统文化之美

情感教育体悟教育之本

在吴蓉瑾的微信朋友圈里，经常会发这样两幅图片：一幅是进校前仰望学校教学楼上的校名，一幅是离校前空空的办公楼走廊。前面一幅图片的配文是“爱的学校”，后面一幅图片的配文则是“爱的走廊长又长”。

学校的一位老师说，如果只用一个词来形容吴校长，那就是“充满情感”。吴蓉瑾一直倡导情感教育，她认为老师要创设有利于学生学习的和谐融洽的教学环境，通过情感交流，增强学生积极的情感体验，教会孩子们拥有幸福的能力最重要。“情感教育不只是一门课程，而是学校每一项举措、每一次活动的温润底色。”

吴蓉瑾有偏头痛的毛病，为了缓解头痛，有喝咖啡的习惯。忽然有一天，她在微信朋友圈开始了戒咖啡的“打卡”。原来这是她和一个学生之间的约定，毕业班的一个女孩生病了不吃饭。她就跟女孩约定，自己坚持一天不喝咖啡，那孩子就要坚持好好吃一天饭。戒咖啡的滋味不好受，但她说，用400天的坚持换取一个孩子生命中的阳光，很值得。

学校曾在学生中进行情感调查，结果显示，小学生有四种情绪较为普遍存在：一是不会主动关爱别人、体谅别人；二是冲动、任性，缺乏自控能力，对环境的适应性较差；三是情感的感受能力较差；四是怯于面对困难和挫折。

吴蓉瑾意识到情感教育已经到了不得不开展的地步。人格与情感的健全是孩子成长路上重要的必修课。而情感教育的目标在于培养孩子们积极健康的情感，把每一个孩子作为独特的个体，呵护他们身心的健康成长。她坚信，具有健康情感的教师，才能给孩子们提供情感价值。

吴蓉瑾每周都会给学生上情感教育课，为孩子们解决情绪困扰，提供情感表达的机会，引导孩子爱自己、爱他人，拥有家国情怀，充满正能量。这些年来她筛选打磨出数百节经典情感教育课，包括民族情感、生命意识、责任意识、热爱科学、自我约束、关爱他人、勇敢坚毅、感受快乐。

吴蓉瑾还和学生们做了一个约定，每天把自己想说的话分享给她，可长可短，她不给评分只做评语。这些情感交流的文字是“云朵校长”的“晴雨表”，不管孩子们写了什么，她都事事有回音，件件有着落。

每到毕业季，吴蓉瑾的手机就会不断跳出加好友的提示，因为她把自己的微信二维码印在了毕业卡片上。她告诉每一位毕业生："无论走到哪里，无论遇到什么，伙伴在，老师在，校长在，我们在云端永远联通着。"已经毕业20多年的一位女同学，至今最难忘的事情，是每学期同学们都会轮流去吴老师家住一晚。现在她把自己的孩子送到母校读书，"因为吴老师爱的教育，我切身感受过，我觉得那就是教育的本质"。

"这些年，我们除了关注孩子们自身的情感需求，还特地在情感教育中融入了一部分涵养家国情怀的内容。因为这一代学生，自小吸收的信息就很多元，很多孩子的偶像都是卡通动漫人物。在这样一个情感培育的关键期，我们希望通过引导，让他们对自己的小家、大家、国家有更多正确的认识和理解，从而全面发展、健康成长。"吴蓉瑾说。

正如中宣部授予吴蓉瑾"时代楷模"时的评语：她是忠实践行习近平新时代中国特色社会主义思想的光辉榜样；是新时代"四有"好老师的典范；是学生锤炼品格、学习知识、创新思维、奉献祖国的引路人。

（文／中国妇女杂志社　王晓艳）

第六篇
最美奋斗者

2019 年国庆前夕，为隆重庆祝中华人民共和国成立 70 周年，学习英雄事迹、弘扬奋斗精神、培育时代新人，经党中央批准，中央宣传部等作出决定，授予于蓝等 278 名个人“最美奋斗者”称号。其中，有 56 位女性获此殊荣。

巾帼奋斗绽芳华

2019 年 9 月 25 日，“最美奋斗者”表彰大会在北京举行。习近平总书记专门作出重要指示，在我国社会主义革命、建设、改革的非凡历程中，一代又一代奋斗者顽强拼搏、不懈奋斗，涌现出无数感天动地的英雄模范。他们用智慧和汗水、甚至鲜血和生命，为国家富强、民族振兴、人民幸福书写了可歌可泣的壮丽篇章。各个历史时期的英雄模范都值得我们敬仰和学习。要广泛宣传“最美奋斗者”的先进事迹，传承弘扬爱国奋斗精神，奏响新中国奋斗交响曲，高唱新时代奋斗者之歌，用英雄模范的感人故事激励全党全国各族人民坚守爱国情怀、坚定奋斗意志，为实现中华民族伟大复兴的中国梦凝聚起强大精神力量。

新中国成立以来，在中国共产党的坚强领导下，亿万人民积极投身建设新中国、探索改革路、实现中国梦的伟大实践，书写了感天动地、可歌可泣的奋斗史诗，伟大祖国发生了天翻地覆的变化，中华民族迎来了从站起来、富起来到强起来的伟大飞跃。

“最美奋斗者”是新中国成立 70 年来各个时期各条战线的优秀代表，是党的基本理论、基本路线、基本方略坚定拥护者、践行者，是党和国家事业的不懈奋斗者、开拓者，是人民幸福美好生活的创造者、守护者。他们是国家的栋梁、民族的脊梁、时代的楷模，值得党和人民永远铭记。

为有牺牲多壮志，敢教日月换新天

新中国成立，激荡着人民群众翻身做主人的自豪感，激发出敢教日月换新天的豪情，更让在旧社会没有受教育权利、没有经济来源、没有地位、没有尊严的女性可以读书识字、走出家门、走向社会、拥有工作，从而开辟了中国妇女运动发展的新纪元。

广大妇女积极投身如火如荼的社会主义建设，无数“巾帼第一”脱颖而出，抒发建设新中国的豪情壮志，生动诠释“妇女能顶半边天”的崭新风貌。她们的艰苦奋斗、勇于创新、甘于奉献，为新中国成立初期国民经济的全面恢复和好转发挥了不可替代的积极作用。

新中国第一个女拖拉机手梁军，其飒爽的英姿曾出现在 1960 年第三套人民币 1 元纸币上，成为几代中国人共同的记忆。她出生于黑龙江省明水县一个贫苦家庭，新中国成立前母亲本将她许配给表哥做童养媳。但她不服从命运的安排，努力进行抗争，1948 年，冲破偏见，勇敢报名，成为黑龙江在北安农垦举办的拖拉机手培训班里唯一的女生。1949 年，她成为新中国第一个女拖拉机手，光荣出席了亚洲妇女代表大会。次年，她组建了新中国第一个女子拖拉机队并担任队长。她还作为劳动模范，在北京受到毛泽东主席的接见。

和梁军类似，新疆生产建设兵团农八师石河子市石油公司退休职工金茂芳，曾是兵团第一代女拖拉机手。她从山东来到新疆，用青春和汗水，将戈壁荒原变为绿洲。她也是 1960 年第三套人民币 1 元纸币正面“女拖拉机手”的原型。

随着社会主义建设步伐不断加快，妇女的就业领域不断拓宽，先后涌现出 1.61 万名女性劳动模范。在交通领域，出现了以田桂英为代表的新中国第一批女火车司机、第一批女子包乘组、第一批女售票员等；在建筑工程领域，女瓦工、女木工、女技工等不断涌现；在国防工业建设领域，以伍竹迪等为代表的第一批女飞行员诞生，她们还驾驶6架飞机以整齐的队形飞过天安门上空，接受党和人民的检阅。

当家做主人的责任感、自豪感，让中国女工迸发出前所未有的激情与力量，到1952年，全国女职工达到了99万人。全国劳模、西北国棉一厂纺织女工赵梦桃刻苦钻研技术，在实践中创造一套先进的清洁检查操作法并在全省推广，极大提高了生产质量和工作效率，她带领的“赵梦桃小组”多次受到国家和部委表彰。

不仅在纺织行业，在很多过去只有男性才能涉足的工作领域，女性也勇敢挑战。被誉为“毛主席的好工人”的东北机器制造厂退休干部尉凤英，曾先后13次受到毛泽东主席的接见。入厂3个月，她就能独立操作车床；入厂5个月，她就完成了第一项技术革新——自动卡具，使产量提高了80%。从1953年到1965年的12年里，尉凤英带领厂里的技术人员共实现技术革新177项，其中重大技术革新58项。大家都称这位年年超额完成生产任务的冲压女工为“从来不走，总是在跑的铁姑娘”。

赵梦桃

尉凤英

社会主义建设时期，一曲曲英雄主义赞歌格外嘹亮。1958 年，年仅 25 岁的女工向秀丽为保护国家财产和人民生命安全壮烈牺牲。当时，她唯一的儿子还不到 2 岁，直到他上小学时才在课本上了解了母亲的伟大事迹。向秀丽，生前系广东省广州何济公制药厂工会委员、班长，那天，装满酒精的大瓶瓶底突然断裂，她毫不犹豫地侧卧在地，以血肉之躯在金属钠和凶猛的火流之间筑成了一道人墙……

草原英雄小姐妹龙梅、玉荣成为许多人的童年记忆与激励。1964 年，12 岁的龙梅和 9 岁的妹妹玉荣正在放养公社的 384 只羊。突然，暴风雪来了，300 多只羊四散狂奔。为了不让集体财产受损失，姐妹俩拼命追赶拉拢住羊群，一夜间竟然走出了 30 多公里，而她们却被严重冻伤。龙梅失去了左脚拇趾，玉荣甚至做了截肢手术。

草原英雄小姐妹龙梅、玉荣

新中国成立后，广大农村妇女与男子一样分得了土地，成为土地的主人。她们踊跃投身生产劳动，在农业战线大放光彩。吕玉兰生前系河北省临西县下堡寺镇东留善固村“铁球”农业生产合作社社长，是新中国最年轻的合作社社长。高小毕业回家务农的她才 18 岁，就带领本村 24 户农民组成了第一个初级农业合作社，带领大家走社会主义道路。37 岁那年，她担任河北省委书记，成为人们口中传颂的“头扎白毛巾的女省委书记”。

女知青邢燕子高小毕业后没有回父母所在的天津市区，而是回到家乡宝坻县大中庄乡司家庄村务农，发愤改变家乡的贫穷面貌。在那里，她和农民打成一片，并组织了一个“邢燕子突击队”。在三年经济困难时期，她组织妇女白天网鱼，晚上编苇帘，三个月为生产队创造了 3900 元的收入，为乡亲们度过灾荒起到了关键作用。还有主动要求下乡插队的“特别姑娘”侯隽，后

邢燕子

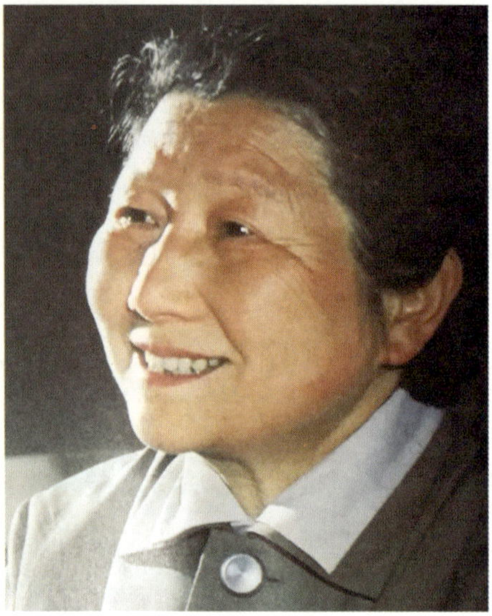

斯霞

来成为天津市宝坻区政协主席。

教卫事业也有女性的不倦耕耘。斯霞，生前系南京师范大学附属小学教师，她创造的“以语文教学为中心，把识字、阅读、写话三者结合起来”的小学语文教学法，当时在全国产生广泛影响。大名鼎鼎的林巧稚，生前系北京协和医院妇产科主任，中国医学科学院副院长，她是中国妇产科学的开拓者和奠基人。

林巧稚

一批德艺双馨的“人民艺术家”为社会主义百花园增光添彩。“梨园泰斗”常香玉，生前系河南豫剧院院长，为了抗美援朝，她全国巡演 170 多场，加上卖掉自己轿车的钱，捐购了 1 架米格 -15 战斗机。王昆，生前系东方歌舞团党委书记、团长，她是歌剧《白毛女》中“喜儿”的第一任扮演者，在中国音乐史上留下了《南泥湾》等诸多不朽的经典……

广袤的田野，火热的车间，教书育人的讲台，引吭高歌的舞台，救死扶伤的医院，保家卫国的军营……在新中国的每一寸土地上，到处都有满怀豪情壮志、奋力挥洒汗水、忘我拼搏奋斗的中国女性，到处都留下了她们披荆斩棘的奋斗足迹和可歌可泣的传奇乐章。

改革开放东风劲，勇立潮头写传奇

以党的十一届三中全会为标志，中国进入改革开放和社会主义现代化建设新时期，党和国家把工作重点转移到经济建设上来，开启了改革开放的伟大征程，这给广大妇女创造了前所未有的发展机遇。中国妇女第四次全国代表大会向全国妇女发出了“四个现代化需要妇女，妇女需要四个现代化”的号召，鼓励妇女积极为四化建设作贡献，广大妇女以自尊、自信、自立、自强的精神，开拓进取，奋力拼搏，成为改革开放时代大潮的弄潮儿。

一位位代表着巾帼力量的弄潮儿被时代定格。基础教育改革的优秀教师代表于漪，70 年矢志当好教师；初心不变、奋斗不止的申纪兰推动太行山小村庄实现大转型；深度贫困地区带领村民脱贫攻坚的优秀代表余留芬带领乡亲们继续奔向致富之路……广大妇女与改革开放的伟大征程同频共振，汇入中华民族一往无前、迈向复兴的历史洪流。一批又一批杰出英模人物，树立起一面面光辉旗帜，成为社会发展重要精神动力源泉。

张海迪

20 世纪 80 年代，高位截瘫却自强不息、被称作“八十年代新雷锋”“当代保尔”的张海迪成为全民追逐的偶像。她创作的《生命的追问》《轮椅上的梦》等文学作品，激励无数青少年奋发向上。在邓小平为她题词“学习张海迪，做有理想、有道德、有文化、守纪律的共产主义新人”后，全社会掀起了学习张海迪的高潮。她担任了中国残疾人联合会第五届、第六届、第七届主席团主席，始终怀着“活着就要做个对社会有益的人”的信念，为推动残疾人事业高质量发展而奋斗。

李素丽

20 世纪 90 年代，北京公交车售票员李素丽成为影响一代人的巾帼榜样。她被称为“老人的拐杖，盲人的眼睛，外地人的向导，病人的护士，群众的贴心人”。从公交战线退休后，李素丽积极投身公益志愿服务，参与疫情防控，找寻走失人员，开展社区公益大讲堂……始终把“全心全意为人民服务”作为自己的人生追求。她说：“公交车有终点，服务没有终点。”

“我是导游，先救游客！”2005 年，文花枝在带旅游团途中遭遇严重车祸，她将生死置之度外，把生的希望让给了别人，自己最后一个被解救。因为耽误了宝贵的救治时间，不得不做了高位截肢，那年她才23岁。她说：“即使少了一条腿，我也会坚强地生活。我会用微笑面对一切。”

21 世纪初，非典突然来袭。叶欣，成为无数抗击非典的英雄代表之一，她生前系广东省中医院二沙岛分院急诊科护士长。面对具有强烈传染性的非典患者，面对死神的挑战，她周密筹划、冷静部署，总是冲锋在第一线，一次次临危不惧地把危重病人从死亡线上拉了回来，而自己却因感染非典病逝。她的精神将永远被世人铭记。

公安战线同样涌现出一批响亮的名字。任长霞生前系河南省登封市公安局党委书记、局长，被誉为“女神警”“女包公”。她是河南省公安系统有史以来第一位女公安局长。她大举打击黑恶势力，攻克了一系列大案要案、疑难案件。2004年，在侦破“1·30”案件途中，她不幸遭遇车祸，因公殉职，年仅40岁。送别那天，4公里的少林大道挽幛如云，14万群众自发从四面八方赶来，与英雄做最后的道别。

铁飞燕

“90后”铁飞燕，是云南交投集团运营管理有限公司昆明东管理处团委副书记。2010年，她随父亲一起到绵阳旅游，不满18岁的她，飞身跳河勇救4名落水工人，负起了那一份攸关生死的担当，她的见义勇为先进事迹传遍了巴蜀大地和彩云之南。

平凡的坚守同样具有催人泪下、感人至深的力量。李桂林、陆建芬夫妇是四川省甘洛县乌史大桥乡二坪村小学教师。在凉山州的悬崖绝壁之上，他们三十多年如一日，默默地用宝贵的青春年华辛勤浇灌祖国的花朵，以教育扶贫阻断代际贫困，用浓浓书香点亮偏远闭塞的二坪村，把一批又一批的彝族孩子送出大山。

一首《十五的月亮》曾风靡大江南北，朴实的词句唱响了军嫂心中最柔软的爱。为支持丈夫献身国防事业，“好军嫂”韩素云婚后多年一人挑起9口之家的生产、生活重担，既要照料多病的祖母、公婆，又要照顾双目几乎失明的小叔和上学的双胞胎小姑，还耕种着12亩责任田。由于长期过度的劳累，患了股骨头缺血性坏死症，却屡向丈夫报一家老小平安……谱写了一曲拥军爱国的凯歌。

改革开放时期，正是一个个她，展现各行各业巾帼英姿，正是一个个她，汇成了这个时代的精神谱系，引领着广大妇女做“自尊、自信、自立、自强”的新女性，彰显“妇女能顶半边天”的担当作为，她们不愧是书写时代的“最美奋斗者”。

新时代巾帼楷模

号角激荡新征程，巾帼奋斗著华章

中国特色社会主义进入新时代，妇女事业取得历史性成就、发生历史性变革，妇女在经济社会发展中的“半边天”作用更加彰显。2021 年全国女性就业人员占全部就业人员的比重为 43.1%，全国科技工作者中女性占比超过 45%。广大妇女争做伟大事业的建设者、文明风尚的倡导者、敢于追梦的奋斗者，成为科技强国建设的排头兵，打赢脱贫攻坚战的生力军，抗击新冠疫情的逆行者……书写了新时代巾帼奋斗的崭新华章。

在科技强国的巨轮上，活跃着 4000 万女科技工作者，她们以智慧之光和坚忍不拔的精神，攻克了一个个难关。一批女科学家相继问鼎各大国际重要奖项。成功提炼青蒿素用于疟疾治疗的屠呦呦，成为第一位获诺贝尔科学奖项的中国本土科学家。

科技创新、中国创造、工匠精神，是这一时代的高频词。神舟飞天、“天眼”探空、北斗组网、高铁疾驰……每份高精尖的伟大事业里，都有中国女性的精彩传奇。

中国铁道科学研究院集团有限公司电子所副总工、铁路客运信息化领域的领军人单杏花，和她的团队研发出铁路 12306 互联网售票系统，推动了中国铁路出行进入无纸化时代。如今，旅客彻夜排队买票已成为历史，12306 也成为全球访问量最大、交易量最大的票务交易系统，便民利民服务功能接连上线，极大地满足了旅客出行需求。

单杏花

在法治中国建设中，女性同样大放异彩。北京知识产权法院党组成员、副院长兼政治部主任宋鱼水是从基层成长起来的优秀女法官代表，“司法公信力扛在我们肩上，我们可以大写具有女性参与的时代公

宋鱼水

陈贤

正”。她表示，未来将继续加大知识产权司法保护力度，进一步推动健全新技术、新产业、新业态、新模式知识产权保护规则，加强反垄断和反不正当竞争司法，依法规范和引导良性健康竞争，护航数字经济高质量发展，为实现高水平科技自立自强提供司法服务。

公正在心，公益在行。安徽开仁律师事务所主任陈贤，是安徽首位援藏女律师，曾连续 6 年参加“1+1”中国法律援助志愿者行动，在边疆地区，为困难群众，陈贤共办结法援案件 600 余件，为当事人挽回经济损失 1000 多万元，开展法治宣传、法治讲座 60 余场，解答群众法律咨询 5000 多人次。她说：“我愿发扬不怕吃苦、顽强拼搏、无私奉献的精神，让法治的阳光照亮雪域高原的每一个角落！”

在基层社会治理中，女性的身影活跃在每个城市社区，每条乡间小路。被称为“小巷总理”的湖北省武汉市江岸区百步亭社区党委副书记、管委会主任王波，也是百步亭集团董事局执行主席。28 年前，她辞去大学教职投身社区工作，带领百步亭社区 18 万党员群众屡获国家级殊荣与嘉奖。而这个社区是中国第一个没有街道办事处的社区，王波和同事一起创新社区党建工作，以单元门楼为单位，实现了党组织领导下的社区居民自治。

为了当好居民“娘家人”，山西省阳泉市矿区桥头街道段南沟社区党总支书记、居委会主任任红梅，创新思维，提出了“鸿雁真情暖万家——一首两翼”工作法，以社区党组织为“领头雁”，居委会、便民服务中心为“两翼”，把社区打造成了温暖的“大雁巢”，打通了党和政府联系居民群众桥梁纽带的“最后一公里”。

金玉琴

安徽省黟县洪星乡红光村党支部书记、村委会主任金玉琴，花了20多年，从一个异乡媳妇变成了“山中女当家”，让曾经坐着“砖车”才能进入的偏僻小山村实现了整村脱贫，也让她以“基层优秀党务工作者”的身份受邀现场观礼国庆70周年阅兵。

从空军大校到乡村教师，四川省美姑县瓦古乡扎甘洛村支教志愿者谢彬蓉，2013年退役后，她从工作了20年的内蒙古额济纳旗戈壁滩，一头扎进了大凉山。她把不上学的孩子，一个个地“抓”回了课堂，最多时有30多人。孩子们听不懂，她就用孩子们最熟悉的土豆、核桃等做教具，教加减法……她成为扎根大凉山的一朵“铿锵玫瑰”，给大凉山深处带来了新的生机和希望。

2020年，曾在《烈火中永生》里扮演过“江姐”的于蓝逝世。她是“新中国22大电影明星”之一，也是中国电影集团公司中国儿童电影制片厂首任厂长。她60岁后组建、领导儿童电影制片厂，是中国儿童电影界的旗帜性人物，夕阳时期仍无比绚丽。有人说：“于蓝和江姐都是有信念、内心充盈着理想主义的人。这也是为何后来同类的影视剧层出不穷，但观众心目中的江姐只有于蓝。”

一批老艺术家依然活跃在时代的舞台中央，焕发艺术新生命。中国杂技家协会名誉主席夏菊花，她从 5 岁被送入马戏团“讨生活”，到耄耋之年，还在为杂技事业四处奔波。从旧社会的“押子女童”，到新中国的“杂技女皇”；从“杂技外交家”，到国家级非遗传承人……在她看来，杂技艺术就是挑战极限，变不可能为可能。这也是新时代的真实写照，大家一起挑战极限，变不可能为可能。

巾帼逐梦，奋斗最美。她们忠诚于党、矢志报国，扎根基层、奉献人民，在平凡岗位上创造了非凡业绩，赢得了党和人民的信任和赞誉，共同书写了“幸福源自奋斗、成功在于奉献、平凡造就伟大”的巾帼壮歌！让我们以“最美奋斗者”为榜样，学习最美、争做最美，在以中国式现代化全面推进中华民族伟大复兴中国梦的新征程上，做时代的书写人，追梦的奋斗者，为强国建设、民族复兴作出新的更大贡献。

（文／中国妇女杂志社　张姿）